AF463686

LE

COMTE DE CHAMBORD

ÉTUDIÉ

DANS SES VOYAGES ET SA CORRESPONDANCE

OUDIN FRÈRES, LIBRAIRES-ÉDITEURS

POITIERS — 4, RUE DE L'ÉPERON, 4

PARIS — 51, RUE BONAPARTE, 51

1880

LE

COMTE DE CHAMBORD

ÉTUDIÉ

DANS SES VOYAGES ET SA CORRESPONDANCE

POITIERS. — TYPOGRAPHIE OUDIN FRÈRES

LE
COMTE DE CHAMBORD

ÉTUDIÉ

DANS SES VOYAGES ET SA CORRESPONDANCE

OUDIN FRÈRES, LIBRAIRES-ÉDITEURS

POITIERS	PARIS
4, RUE DE L'ÉPERON, 4	51, RUE BONAPARTE, 51

1880

AVANT-PROPOS

Cette brochure raconte d'abord les voyages que le comte de Chambord a faits en Autriche, en Hongrie, en Bohême, en Transylvanie, en Allemagne et en Italie. Partout le prince a été reçu avec sympathie par ces divers Etats. Il a étudié tout ce qui pouvait l'instruire : les usines, les universités, les bibliothèques, les arts et les monuments publics ; il a visité les champs de bataille témoins des victoires de Napoléon Ier ; il a étudié également les forteresses les plus importantes.

De plus, nous avons, pour indiquer les sentiments élevés du prince, analysé sa correspondance. Elle est très intéressante. Elle montre combien le comte de Chambord aime la France, lui souhaite des prospérités et compatit à ses malheurs. Son programme de gouvernement est tout entier dans ces pages ; il explique catégoriquement que si la Providence le ramène sur le trône, il considère qu'il aura pour devoir de donner la liberté et de marcher toujours avec le pays. Il ne devra jamais son retour à une intrigue ; mais si le ciel lui rouvre les portes de la patrie et lui rend la royauté, il se dévouera à la liberté du peuple et à son bonheur; il fera l'union de tous les partis et rendra à la France sa prospérité et sa grandeur. Dans l'incertitude où est en ce moment le gouvernement de la République, il peut se faire que la nation se souvienne de ses anciens rois et rappelle le comte de Chambord sur le trône. Cela vaudrait mieux assurément que de nouvelles aventures démagogiques ou césariennes. Qui sait si cette restauration ne serait pas le bonheur et l'avenir de la France ? En tout cas, il est fort à propos d'étudier les hommes qui peuvent être appelés à nous gouverner, et de comparer leur valeur morale et politique, afin de choisir le plus digne.

PREMIÈRE PARTIE

LE COMTE DE CHAMBORD

ÉTUDIÉ DANS SES VOYAGES ET SA CORRESPONDANCE

I

Il nous tombe sous la main un curieux livre de M. le comte de Locmaria, édité en 1872, et qui est intitulé : *Souvenirs des voyages du comte de Chambord en Italie, en Allemagne et dans les États autrichiens*. L'auteur parle, d'ailleurs, d'après ses souvenirs personnels, car il eut l'honneur d'accompagner le Prince.

Cette première série de voyages dura cinq ans, de 1839 à 1843. Plus tard le comte de Chambord parcourut la Turquie d'Europe, l'Asie-Mineure, la Terre-Sainte, l'Égypte, la Grèce.

Ce qui ressort le plus de ce livre, c'est la constante préoccupation du jeune prince de rendre ses voyages féconds en acquisitions de connaissances et de renseignements sur tous les terrains politiques, économiques, industriels, scientifiques. Partout il se met en rapport avec les hommes d'Etat et de science, avec les grands industriels, les professeurs, les universités, les artistes. Il assiste aux exercices et aux mouvements des troupes étrangères; il étudie leurs grandes manœuvres ; il visite les champs de bataille où se livrèrent les grands combats de Napoléon Ier, et pour mieux les comprendre, il se fait accompagner d'un maréchal et de plusieurs officiers généraux

En 1839, la famille royale habitait encore à Goritz. Charles X était mort depuis trois ans. Ce fut là que se rendit le comte de Locmaria; et l'on se mit en route quelques jours après.

Le comte nous donne d'intéressants détails sur la vie intérieure de Goritz. Entouré d'un petit peloton d'officiers et de sous-officiers français, le comte de Chambord se plaisait aux exercices militaires; il étudiait l'école du soldat sous les armes; il avait fait établir une salle d'escrime et y passait une bonne partie de la journée.

On partit de Goritz au printemps de 1839, et l'on commença par visiter la Hongrie et la Transylvanie. Le comte de Chambord avait vu Vienne, Prague, Venise et Milan, mais il ne connaissait ni Pesth, ni Clausembourg, ni Hermanstadt. De plus, il se préoccupait beaucoup d'étudier sur les lieux l'organisation des régiments-frontières de l'Autriche; il désirait voir fonctionner, dans la pratique, ce système d'économie militaire, fort intéressant du reste.

La première station où l'on s'arrêta fut Trieste; la seconde, Fiume. Partout les autorités militaires faisaient le meilleur accueil au Prince. On arriva à Carlstadt, petite place de guerre de

Croatie; et le comte de Chambord, gracieusement reçu par le feld-maréchal-lieutenant Waldstatten, passa en revue les compagnies des régiments-frontières qui avaient pris les armes pour le recevoir. La Croatie fournit au recrutement huit régiments, dont on pourrait former au besoin autant de régiments de grenadiers Ce sont des soldats-laboureurs. L'intérieur d'une famille militaire est fort curieux. Le code administratif consacre la règle suivante : c'est le chef de la famille qui la dirige et qui règle les affaires extérieures; c'est la mère qui les administre à l'intérieur, sous la surveillance des officiers dits d'économie. Ces familles comptent environ trente personnes. Les uns appartiennent au service actif, les autres à la réserve; tous manient la charrue.

On traversa ensuite Brod, petite forteresse de l'Esclavonie, sur la Save; la forteresse de Vinkovar, sur le Danube, et l'on arriva à Peterwaradein, autre forteresse sur le Danube, et qui commande le fleuve. Le prince, en compagnie du commandant militaire, visita les mines défensives dans la direction de Carlowitz, ainsi que l'arsenal et les casernes. A Semlin, on trouva un colonel d'origine française, le colonel Schutter. A Belgrade, l'artillerie turque salua de plusieurs salves le Prince et ses compagnons qui arrivaient par le fleuve et dans deux grandes chaloupes, conduites par 32 rameurs du régiment des pontonniers, organisé pour le service du Danube comme les régiments-frontières pour le service de terre. Le pacha reçut le comte de Chambord, lui fit prendre du café détestable et lui donna une escorte d'honneur. Belgrade était alors, ainsi que toute la Serbie, sous la suzeraineté de la Porte. Le souverain serbe était Milosch. Il savait à peine lire et écrire, mais la princesse était excellente cuisinière. Pendant les guerres de l'Indépendance, son mari et quelques officiers de sa suite revinrent un jour trop tôt du champ de bataille. — Êtes-vous vainqueurs? leur dit-elle. — Non. — Eh bien, retournez à l'ennemi. Vous ne dînerez qu'après la victoire.

Le Prince passa ensuite par Panscrova, place forte, et Temeswar, où il fut reçu par le comte d'Auesperg, commandant général du Bannat. Cette dernière ville est entourée de colonies françaises, entr'autres celles de Charleville et de Saint-Hubert; le comte de Chambord alla les visiter, et ces populations, qui ne parlent que français, l'acclamèrent.

A Karensébès, le Prince fut reçu par le colonel Roth, qui vint à sa rencontre à la tête d'un piquet de pandours. Là disparaissent les régiments-frontières, et l'on entre en Transylvanie. Le comte de Locmaria raconte qu'ayant fait observer au Prince que l'organisation des régiments-frontières, excellente pour l'Autriche, ne pouvait recevoir ailleurs son application; qu'en particulier elle était impraticable en Allemagne, en Prusse et surtout en France, le comte de Chambord lui dit : « Ce système n'est point assurément praticable en France, mais il serait efficacement pratiqué en Algérie, pays neuf, où les concessions de terrain peuvent être faites sous la condition d'un service armé. Ce serait le moyen d'assurer notre conquête et de diminuer les dépenses qu'elle nous occasionne. » Cette opinion est intéressante à rappeler.

C'est à Karensébès qu'Ovide fut exilé par Auguste, et maintenu par Tibère. Le poète latin composa là ses charmantes élégies.

De cette ville, le comte de Chambord alla à Carlsbourg, où il arriva à neuf heures du soir. Il croyait descendre à l'hôtel, mais c'est à l'évêché que les voitures qui l'attendaient le conduisirent. Un bel escalier, très bien élairé, mena le Prince et sa suite à une vaste salle à manger, où était une table très bien servie; là les chanoines du chapitre et les officiers de la garnison attendaient le comte de Chambord. L'évêque, membre de la Diète, était à Presbourg, et avait ordonné que l'on conduisît le Prince, quand il arriverait, à son palais épiscopal.

A Hermanstadt, la réception fut aussi cordiale. Au moment de l'arrivée du comte de Chambord, un beau bataillon était sous les armes dans la rue que le Prince devait habiter. A peine entré à l'hôtel, il reçut la visite du commandant général, comte Wernhardt, et des feld-maréchaux Saint-Quentin et Grüber, ainsi que celle du général des hussards Szelsler. M. Saint-Quentin était Français d'origine. En voyant le Prince, il fut si ému, qu'il ne put prononcer un mot. « Priez le Prince, dit-il au comte de Locmaria, de ne pas me juger sur mon silence ; en présence de ce digne rejeton de nos rois, mon cœur était plein ; je me suis tu pour rester maître de moi, mais je m'accoutumerai, je l'espère, au bonheur de le voir. »

Le comte de Chambord le reçut le lendemain en particulier, et l'excellent général retrouva la parole.

Par une attention délicate, Mme de Wernhardt avait mis ses salons à la disposition du Prince, pour qu'il reçût les dames de la ville, qui, toutes, voulaient lui être présentées. Elles vinrent en foule. Mme de Wernhardt avait ménagé une délicate surprise : la réception fut suivie d'un fort joli bal ; on valsa et l'on exécuta une mazurque.

A la fin de ce bal, M. de Locmaria s'entretenait avec M. de Montbel. La comtesse Bethlem, d'une ancienne Maison souveraine de la Transylvanie, s'approcha d'eux, et se faisant l'interprète de la pensée commune : « Veuillez, dit-elle, offrir au Prince nos hommages et nos vœux ; il emporte les cœurs de toutes les personnes qui ont eu le bonheur de le voir et de l'approcher ; nous n'éprouvons tous qu'un regret, c'est de le perdre si tôt ».

Citons également ce mot dit à M. de Locmaria pendant un repas. Le major Kreutner, premier aide-de-camp du comte de Wernhardt, écoutait avidement le Prince parler, et semblait contempler son visage si animé et si expressif. Tout à coup il se tourna vers son voisin de table : « Ah ! pourquoi tous les Français ne peuvent-ils voir votre Prince comme je le vois en ce moment ! »

Avant de quitter Hermanstadt, le Prince visita la bibliothèque et le musée, comme il avait l'habitude de le faire partout où il passait. Le musée a des toiles nombreuses, entre autres plusieurs toiles des grands maîtres.

La Transylvanie est riche en mines d'or et d'argent ; c'est de là que l'empire d'Autriche tire sa monnaie. Le comte de Chambord voulut visiter les montagnes de Fozebaj, les plus riches en métaux précieux. Après avoir pris congé d'une façon touchante du comte de Wernhardt, qui, à la tête des troupes de la garnison, lui exprima. dans un discours éloquent, le bonheur qu'il avait éprouvé à recevoir le digne descendant de Louis XIV et de Marie-Thérèse, le Prince partit pour Abrud-Banyan ; dans la vallée où est bâtie cette petite ville court une branche de l'Aranyos, dont les flots chargés d'or lui avaient valu, de la part des Romains, le nom d'*Auratus*. — Les Romains exploitèrent, en effet, les richesses de ce pays pendant deux siècles, et en tirèrent énormément d'or et d'argent. De la seule montagne de Csétaty ils tiraient un quintal d'or par semaine.

Le centre des mines d'or est une ville agreste, au fond d'une étroite vallée, et qui a une demi-lieue d'étendue ; elle porte le nom de Veraspatak. En apprenant l'arrivée du Prince, une députation des principaux habitants du pays fut envoyée à sa rencontre ; il y eut des discours en latin ; c'est la seule langue qu'on y parle. Pour recueillir les métaux, le gouvernement concède aux paysans une certaine étendue de terrain qu'ils exploitent à leurs risques et périls. Le matin même, un pauvre paysan avait obtenu une concession ; il s'approcha du Prince et lui demanda — en latin — de lui permettre de donner le nom de Henri à sa mine. Non seulement le Prince agréa sa demande, mais il voulut devenir l'associé du nouveau mineur, et lui fit présent de son matériel d'exploitation.

Le minerai est broyé par des moulins à brocards; ces moulins sont mûs par une chute d'eau sortie d'un lac creusé de main d'homme sur un plateau élevé, et dominé par quatre montagnes qui l'alimentent du produit de leurs sources. Le Prince voulut visiter le lac. On monta à cheval et l'on se dirigea vers un bois de sapins. Tout à coup des pétards, des feux de joie, des vivats saluent de tous côtés l'arrivée du royal cavalier. Puis, spectacle agréable, les voyageurs, qui cheminaient depuis quatre heures du matin et avaient l'estomac vide, aperçoivent un festin qu'on leur avait préparé. C'était la cuisine en plein vent. Des cochons de lait à la broche, d'immenses casseroles, des grils chargés de côtelettes, des cruches pleines de vin de Hongrie : — les noces de Gamache. Les siéges avaient été improvisés de la manière la plus simple ; on avait abattu des arbres et fabriqué des bancs. On se figure la gaîté qui anima ce dîner improvisé, auquel assistaient les notabilités des deux villes.

Au dessert, le président de la députation porta le toast suivant au Prince : « A la santé et au bonheur du digne représentant de cette antique race royale qui a donné tant de grands rois à la France et un saint à la chrétienté ». Le comte de Chambord fut très ému ; il quitta vivement sa place, et alla à un groupe d'ouvriers placé à quelque distance, et s'emparant de la gourde d'un mineur, il but à la prospérité des habitants d'un pays où il était accueilli si cordialement. Mille acclamations s'élevèrent, puis les villageois se mirent à danser. Dans ces pays heureux, il n'y a pas de fête sans danse.

Le lendemain on était à Zalathna, ville où siégent les commissaires chargés d'acheter l'or recueilli par les paysans ; ils en vendent environ pour 6 millions par an. Il y eut immédiatement un bal improvisé, et le comte de Chambord s'y rendit à 9 heures. Puis on alla coucher à Enyed, chef-lieu du comté de Weissembourg. Le comte Banfi vint au-devant du Prince ; il avait disposé l'hôtel du Comitat pour le recevoir. Un escadron de chevau-légers était en bataille devant l'hôtel. Le Prince le passa en revue, et le lendemain le comte Banfi l'accompagna aux belles salines de Marosh-Uwar. Prévenue de cette visite, la population se porta en foule dans les salines. Une multitude de lampions disposés de façon à former des lettres et des mots à l'intention du Prince, les éclairaient. Le comte de Chambord les parcourut, s'arrêtant devant chaque atelier.

De Marosh-Uwar, le Prince alla à Clausembourg, autrefois Claudiopolis ; cette ville est située dans une jolie vallée, fécondée par la Samosch. Pendant qu'il visitait l'imprimerie du collége, un jeune homme improvisa des vers latins qui furent imprimés en sa présence. En voici la traduction française :

« Digne héritier des rois, né d'un sang glorieux,
Prince, qu'ont inspiré tant d'illustres aïeux,
Fils de ce grand Henri, l'honneur, l'amour du monde,
Qui sut, par sa valeur, sa sagesse profonde,
Lui, supérieur aux rois, comme les rois à nous,
Rendre aux Francais, brisés par les plus rudes coups,
Leur rang, leur gloire antique, et leur splendeur première,
En étendant sur eux son sceptre héréditaire;
Prince égal en vertus au roi dont tu descends,
Reçois pour ton bonheur nos vœux reconnaissants.
Salut, sois-nous propice et daigne ton suffrage
Des muses de Cluswar honorer l'humble hommage. »

II

Le lendemain, le Prince franchit les montagnes qui séparent la Transylvanie de la Hongrie. Le 10 juin il arriva à Gros-Wardein; là il vit le commandant d'escadron comte de Castelnau, officier français au service de l'Autriche, qui vint à sa rencontre pour prendre ses ordres.

Le comte de Chambord devait loger à l'évêché; il trouva réunis au pied de l'escalier du palais épiscopal les officiers de la garnison, les fonctionnaires civils et le chapitre présentés par l'abbé, prince d'Hohenlohe, nommé grand-prévôt le jour même. « Ah! Monseigneur, s'écria celui-ci, en saluant le Prince, que je suis heureux de vous voir; il y a neuf ans que je prie pour vous. » Il avait été chargé de recevoir le petit-fils de Charles X par l'archevêque de la ville, alors à Presbourg, pour la Diète.

Le Prince visita les casernes, accompagné par le colonel Pergler de Perglas, commandant des hulans. Il assista aux exercices militaires qui l'intéressèrent beaucoup, et en particulier aux exercices de l'école régimentaire, pépinière de cadets, et où l'instruction militaire et classique est remarquable.

Le soir du même jour, le Prince arriva à Debreczin, ville de 52,000 habitants. A peine eut-il mis pied à terre, qu'il fut entouré, pressé, porté, en quelque sorte, jusqu'à sa chambre. Le lendemain, il partit de bonne heure et s'engagea dans les vastes steppes de la Hongrie. Dans ces plaines immenses errent de nombreux troupeaux de chevaux, de bœufs, de buffles et de moutons. Les chevaux sont innombrables, mais petits et maigres.

On passa par Tokai, ville dont les vins sont renommés ; le 12 juin, on remonta la Theiss pour rejoindre la route de Pesth à Eperies. Eperies compte dans son passé les exécutions des insurgés de Hongrie, sous le règne de Léopold Ier. Le comte de Nadasti, Tattenbach et autres furent décapités. L'agitation ne cessa qu'à l'avènement de Marie-Thérèse et à la guerre de la Succession, qui fournit un dérivatif aux Hongrois.

Au delà de Misholez, la voiture du Prince, dans une descente, fut renversée ; le choc eût dû tout briser; cependant il n'y eut ni hommes ni chevaux contusionnés. Précisément le Prince avait quitté, quelques instants auparavant, son landau, et avait cédé sa place au comte de Locmaria, pour aller dans la calèche du général Foissac-Latour, et causer avec lui. Il était désolé d'avoir changé de voiture. « Ce n'était pas vous qui deviez verser, disait-il au comte de Locmaria, c'était moi. »

A minuit, on arriva à Erlau. Après quelques heures de repos, le comte de Chambord reçut le général Castiglione et les officiers de la garnison ; Erlau est le siége d'un évêché. C'est, après Tokai, le premier vignoble de la Hongrie.

On alla coucher à Gyongyos, remarquable par ses beaux jardins. Le 15 juin, on arriva à Pesth. Le Prince y trouva un officier français au service de l'Autriche, M. de la Rue du Can, envoyé par le commandant général pour faire auprès du royal voyageur le service d'officier d'ordonnance.

Le lendemain, le Prince reçut tous les généraux des différentes armes et les officiers supérieurs de la garnison. En ce moment, l'archiduc palatin présidait la Diète de Presbourg. L'archiduchesse palatine était seule au logis avec ses enfants. Elle ne voulut pas attendre la visite du Prince, elle lui envoya une invitation pressante pour qu'il vînt dîner avec elle, et en même temps les voitures de la cour. L'archiduchesse était fille du duc Louis-Frédéric et sœur de la reine de Wurtemberg; elle reçut son neveu avec une affection maternelle : « Messieurs, dit-elle, je suis heureuse de vous recevoir ; vous donnez un exemple de fidélité et de dévouement qui vous assure des droits à l'estime de tous, à la reconnaissance des princes en particulier. » On dîna ensuite dans un joli pavillon de l'île Marguerite.

Pesth est la ville de la noblesse, la ville du commerce. Bude qui en est séparée par le Danube, est la ville des fonctionnaires. Le palais de l'archiduc est situé sur le plateau élevé de l'ancien Bude.

Pendant le séjour de quatre jours que le Prince fit à Pesth, il lui arriva une aventure assez plaisante ; il avait remarqué la jolie position de l'île Marguerite, il résolut de s'y baigner. Un batelier fut prévenu de se tenir le lendemain matin, à 5 heures, à la pointe de l'île. Mais en arrivant le Prince, au lieu d'un bateau, en trouva dix chargés de fleurs, de musiciens et de nageurs. Il se jeta à l'eau; soixante nageurs plongèrent en même temps et lui firent cortége; pendant ce temps, la musique les suivait dans les bateaux et exécutait des morceaux d'harmonie.

A la tête de ses soixante nageurs, le Prince descendit le fleuve jusqu'à l'école de natation. La population, attirée par la nouveauté du spectacle, se pressait sur le rivage et saluait le jeune Prince du cri national : *Ellyen.* Le soir, quatre-vingts musiciens lui donnèrent un concert.

Le lendemain, le comte de Chambord et sa suite remontèrent le Danube dans le bateau à vapeur. En passant, ils aperçurent Gran ou Strigonie, qui a été la ville sainte des Hongrois. On y a conservé l'autel où fut sacré saint Etienne, premier roi des Magyars. Conquise en 1543 par Soliman II, elle fut reprise en 1626 par Jean Sobieski et le duc de Lorraine, son allié.

A Comorn, le Prince descendit du bateau. Pendant la traversée, on avait assez ri d'une plaisante naïveté d'une petite comtesse hongroise, qui lui demanda gravement s'il allait bientôt rentrer en France. Les généraux et les officiers attendaient le Prince sur le rivage. On visita ensuite les fortifications, et le haras de Babolna.

Le 29 juin, au soir, le comte de Chambord arriva à Presbourg. Il venait de se mettre à table, avec l'intention d'aller, immédiatement après le repas, faire une visite à l'Électeur palatin, lorsque ce prince, voulant prévenir son neveu, se présenta à l'hôtel. L'archiduc Joseph exerçait en Hongrie les difficiles fonctions de vice-roi ; il se trouvait en présence d'intérêts assez irréconciliables; mais c'était un administrateur ferme et sage, respecté de tous les partis, et cela lui permettait de gouverner.

Sur le quai même, presque en face du pont de bateaux du Danube, est située la butte de terre que les rois de Hongrie montaient au galop, le jour de leur couronnement ; du haut de cette estrade, entourés des grands dignitaires du royaume, ils frappaient l'air de leur épée dans la direction des quatre points cardinaux, pour indiquer qu'ils étaient prêts à défendre le royaume contre tous ses ennemis. C'est qu'en effet, avant la royauté des princes d'Autriche, la Hongrie eut à se défendre contre la Turquie, la Pologne, l'Autriche et la Bohême, et sortit glorieuse, mais brisée de ces luttes.

Avant de quitter Presbourg, le comte de Chambord alla remercier les évêques de Carlsbourg et de Gros-Wardein, chez lesquels il avait rencontré une si bonne hospitalité, quoiqu'ils fussent retenus à la Diète. Il retarda son voyage de quelques heures pour rendre visite à l'empereur et à l'impératrice qui firent leur entrée dans cette capitale. L'empereur l'invita à dîner à Schœnbrunn pour le surlendemain. L'empereur avait témoigné le désir de voir le comte de Chambord habiter un château, près de Schœnbrunn, auquel il aurait attaché un service de sa maison ; mais le Prince persista dans son projet de loger dans un hôtel. Il allait à Vienne pour s'instruire, voir les choses et les hommes, mais il voulait rester libre. Il recueillit, d'ailleurs, de tous les princes de la famille impériale des témoignages d'intérêt et d'attachement.

De Presbourg à Vienne la route se prolonge dans la vallée du Danube. Le lendemain de son arrivée, le Prince alla à Schœnbrunn visiter les princes de la famille impériale. Pendant que le duc de Levis allait prévenir l'empereur, le comte de Chambord se promenait dans ces jardins qu'aimait Marie-Thérèse et où les Maisons de Bourbon et de Lorraine s'étaient réconciliées, réconciliation qui fut favorable à la paix du continent. Malheureusement aussi on y décida le démembrement de la Pologne, qui fut partagée entre l'Autriche, la Russie et la Prusse, au mépris du droit primordial des peuples.

Quand cette iniquité s'accomplit, Louis XV protesta et voulut s'emparer des Pays-Bas, pour maintenir au moins l'équilibre entre les grandes puissances ; mais son conseil s'y opposa, l'armée étant affaiblie par les blessures de la guerre précédente.

En 1809, Napoléon établit sa cour militaire à Schœnbrunn. C'est dans ce même palais, le 18 mai 1809, que fut prononcée l'abolition de la souveraineté temporelle du Pape.

L'auguste veuve de l'empereur François ayant appris que le comte de Chambord était au château, voulut le voir. Dans cette visite, l'impératrice dit avec émotion au comte de Locmaria, qui avait accompagné le Prince : « Combien le voyage du Prince lui a été favorable. Nous savons qu'il a plu à tout le monde. Pour moi, j'en suis charmée. Ah ! si la France le connaissait ! »

Parmi les monuments principaux de Vienne, on remarque le palais du Belvedère, construit par le prince Eugène, qui y mourut. L'illustre capitaine qui avait conquis tant de provinces pour son souverain, reposa dans les caveaux de Saint-Etienne. Dans le musée du Belvédère, il y a près de 1,500 tableaux, dont des Teniers et des Rembrand. Il y a également un musée de vieilles armes, épées, haches d'armes, armures, qui provient surtout du château d'Ambras, bâti par Maximilien Ier. La bibliothèque de Vienne contient plus de 300,000 volumes. Elle a beaucoup de manuscrits du xve siècle; elle est dans le palais impérial, ainsi que le cabinet des antiques et celui des médailles. La collection des vases antiques contient beaucoup de vases grecs et égyptiens. Le trésor renferme des objets fort curieux: on y voit les ornements impériaux de Charlemagne et les ornements impériaux de Napoléon. Chose remarquable, le manteau de Charlemagne a traversé les siècles sans perdre son éclat. Le manteau de Napoléon est tout flétri. L'or était faux.

Deux jours après son arrivée, le comte de Chambord fit visite à l'archiduc Charles, dans le charmant château que ce prince avait fait construire à Baden, près de Vienne, sur le modèle de celui que l'archiduchesse, sa femme, habitait à Wilbourg. Il profita d'un voyage qu'elle avait entrepris dans le duché de Nassau, pour lui donner cette preuve de son affection.

Quand le Prince arriva au château, l'archiduc était dans son parc. On le prévint, et il parut bientôt: « Excusez, dit-il à son neveu, un vieux soldat qui se présente à vous sous le costume de jardinier; vous savez que le jardinage est la distraction des vétérans. » L'archiduc avait une verte vieillesse; il avait pendant cinquante ans commandé en chef les armées, et avait été classé au rang des meilleurs généraux de son siècle ; il avait même eu l'avantage unique de lutter toujours avec honneur, et une fois avec succès contre Napoléon.

Ce fut à Wagram qu'il termina sa longue carrière militaire ; il s'y montra vaillant soldat et grand capitaine. Napoléon, après la guerre de 1809, lui écrivit pour le prier d'accepter à la fois le grand cordon et la simple croix de la Légion d'honneur. « La première de ces décorations, lui disait-il, est le tribut dû à votre génie comme général, la seconde à votre bravoure comme soldat. »

Le Prince et l'archiduc passèrent une demi-heure ensemble. L'archiduc se plut à parler de l'armée française, et s'adressant au général de Foissac-Latour, qui avait accompagné le comte de Chambord, il reconnut le mérite de la cavalerie française et particulièrement des cuirassiers. C'était précisément l'arme dans laquelle avait servi le général.

Parmi les étrangers de distinction que le comte de Chambord reçut pendant son séjour à Vienne, figurent les princes de Metternich et Windischgraëtz, le comte de Goës, grand-maréchal de la cour, le landgrave de Furstemberg, le général Wimpfen, commandant général de la Basse-Autriche, et le fed-maréchal-lieutenant Baillet-Latour.

Le Prince fit visite aux princesses de Wasa, de Metternich et de Windischgraëtz. La princesse de Metternich, qui avait réuni une galerie de portraits de souverains, princes, généraux, ministres ou personnages célèbres qui avaient paru dans ses salons, demanda au comte de Chambord d'ajouter son image à cette collection. Le peintre Daffinger se chargea du portrait, mais il le manqua complétement.

L'empereur aimait beaucoup le comte de Chambord ; il se plaisait à jouer au billard et à causer avec lui. Chaque jour il l'invitait à dîner; or, comme le dîner, à Schœnbrunn, n'avait lieu qu'à 2 heures, cela n'était pas sans être quelque peu gênant pour les excursions du Prince. Cependant il se réserva une journée entière pour visiter les champs de bataille d'Essling et de Wagram. Il voulait profiter du séjour à Vienne du maréchal Marmont, qui avait commandé un corps d'armée à Wagram, et pouvait rendre cette promenade d'études militaires très fructueuse. Le Prince trouva moyen de faire un fort joli compliment au duc de Raguse. Le remerciant de vouloir bien l'accompagner : « Je regrette, ajouta-t-il, de ne pouvoir vous prier d'aller jusqu'à Znaïm ; j'aurais été heureux de vous conduire sur le théâtre d'un succès qui vous est personnel. » On sait que le combat de Znaïm, qui fut la dernière action de la campagne, fut gagné par le maréchal.

Le colonel d'état-major autrichien Scribaneck, qui avait été chargé d'écrire l'histoire de la guerre de 1809, se joignit à la suite du Prince ; il avait des cartes et des renseignements qui rendaient son concours précieux. La petite troupe arriva de bonne heure dans l'île Lobau, qu'elle parcourut dans toute son étendue, afin d'examiner les points de passage de l'armée française.

On monta ensuite au clocher d'Aspern pour voir le théâtre de l'action.

D'Aspernon on gagna Essling, en visitant lentement l'étroit champ de bataille qui sépare les deux villages. Il y eut là des pertes sensibles. Le général Foissac reconnut l'endroit où il fut blessé grièvement, à la tête d'un régiment de cavalerie; on visita aussi le tertre où le maréchal Lannes fut blessé mortellement, et non loin de là, la position où le comte de Saint-Hilaire, appelé à remplacer le maréchal, fut atteint du boulet qui le tua. Il y eut, d'ailleurs, vingt généraux et plus de 30,000 officiers et soldats tués ou blessés sur cet étroit champ de bataille, où 140,000 hommes seulement furent engagés.

A Essling, Napoléon, obligé, par la rupture des ponts du Danube, de céder le champ de bataille, ayant à dos un grand fleuve, dut surtout son salut au prestige qu'il exerçait sur ses adversaires.

Après le champ de bataille d'Essling, on visita celui de Wagram, qui fut un assaut de combinaisons héroïques entre deux illustres capitaines, tandis qu'Essling avait été un duel acharné entre deux armées également braves. On sait combien la victoire de Wagram fut disputée.

Le lendemain de cette visite, 1er juillet, le Prince prit congé de l'empereur et des archiducs. Puis, avec une émotion touchante, il fit ses adieux au général de Foissac-Latour, dont la mission était terminée, et se mit en route pour Goritz, où il arriva le lendemain. Mademoiselle et le comte et la comtesse de Marnes furent bien heureux de revoir leur frère et leur neveu. Il fit devant eux le récit de l'excellent accueil qu'il avait reçu en Autriche, en Hongrie et dans les autres provinces du puissant empire, des choses intéressantes qu'il avait visitées et étudiées aussi bien au point de vue de la tactique militaire que de l'industrie, du commerce et de la science, de toutes les satisfactions qu'il avait ressenties dans ces deux mois, et des sympathies qui l'avaient partout accueilli; il fut écouté avec attendrissement et avec une secrète espérance par la famille royale, suspendue à ses lèvres.

III

A Goritz, la famille royale habitait le château de Kirchberg, qui appartenait alors au duc de Blacas, qui l'avait acheté du comte d'Orsay. Au moyen âge, le château de Kirchberg était une forteresse, mais ses tours avaient disparu vers l'an 1500. L'habitation était modeste, mais le parc était très vaste et très habilement aménagé.

Le comte de Chambord passa trois mois dans cette résidence; indépendamment d'exercices destinés à fortifier sa santé, comme les armes, l'équitation, la chasse, la natation, il consacrait chaque jour six heures de travail à l'histoire militaire, à la tactique, à l'administration, à l'économie politique, à l'analyse de bons ouvrages anciens et modernes, se préparant utilement à de nouveaux voyages.

Le feld-maréchal Redeczki, commandant en chef les troupes autrichiennes en Italie, l'ayant invité à assister aux manœuvres d'automne de son armée, le comte de Chambord saisit avec empressement ce moyen pratique de voir sur le terrain l'application des principes qu'il avait étudiés dans les meilleurs auteurs militaires.

On partit de Kirchberg à la fin de septembre. M. de Locmaria accompagnait toujours le Prince, et c'est dans son ouvrage que nous puisons presque tous les détails intéressants que nous mettons sous les yeux de nos lecteurs. On passa par Saint-Polten, où l'on rencontra la famille d'un jeune avocat français, M. Jules Favre, qui la veille était venue de Vienne pour offrir ses hommages au comte de Chambord. Le Prince les reçut dans la soirée. Il invita M. Jules Favre à déjeuner le lendemain. M. de Locmaria fut chargé de transmettre l'invitation : « J'ai été bien heureux hier soir, lui répondit-il, mais me permettre de le revoir encore, et avec cette précieuse familiarité, c'est mettre le comble à ma joie. »

De Saint-Polten on passa par Lilienfeld et Annaberg, et on vint coucher à Maria-Zell. C'est un lieu de pèlerinage fort populaire en Autriche. Dans le principe, il n'y avait qu'un ermitage. L'ermite était un saint homme; des pèlerins vinrent, ils obtinrent des grâces par son intercession. Une église s'éleva, puis une abbaye, et enfin une ville.

De là on alla à Leoben, où Bonaparte signa les préliminaires d'un traité qui sauva son armée d'un danger imminent. L'empereur d'Autriche était surtout préoccupé de garantir sa capitale. Sommé de couvrir Vienne, l'archiduc Charles dit : « Que m'importe ! Moreau peut aller à

Vienne; l'essentiel est que je batte Jourdan. » Mais l'empereur n'osa laisser faire à Bonaparte ce qu'il eût permis sans crainte à Moreau.

On traversa ensuite la Carinthie, pays de montagnes, riche en mines de plomb et de fer; on s'arrêta à Willach, où Charles-Quint, chassé d'Inspruck par Maurice de Saxe, vint se mettre à l'abri, et on arriva à Udine, au pied des montagnes. Sur ces entrefaites, le comte de Chambord invita le duc de Valmy à le venir joindre à Verone et à l'accompagner pendant les manœuvres. Le jeune duc accepta avec empressement. Le 3 octobre, on partit pour Vérone, qui était le quartier général de l'armée autrichienne d'Italie. Gradisca, sur la rive droite de l'Isonzo, est le premier poste militaire qu'on rencontre; puis la petite ville de Pordenone, illustrée par la belle résistance du colonel Bressant, qui, à la tête de 400 hommes, se défendit si vigoureusement contre l'armée de l'archiduc Jean que ce prince, touché de cette intrépidité, lui dit : « Un homme comme vous ne peut rester désarmé; à défaut de votre épée, voici la mienne. Portez-la en souvenir de votre beau fait d'armes. »

Du Frioul on passe dans le pays plus accidenté de la Marche. Là on chemine à travers les grands fiefs nominaux du régime napoléonien : Cadore, Feltre, Bellune, Bassano, Rivoli, Rovigo, Castiglione, Conégliano, Trevîse, Padoue et Vicence.

Trevise fut le berceau de Totila. Elle ne conserva pas longtemps son indépendance, et dépendit tour à tour de Vérone et de Venise, qui finit par l'englober dans sa souveraineté. Padoue rappelle des souvenirs français. Charlemagne, vainqueur des Lombards, Louis XII, vainqueur des Vénitiens, parurent, à huit siècles d'intervalle, devant cette ville. Ce fut devant Padoue que la gendarmerie française, mettant pied à terre à la voix de Bayard, offrit aux chevaliers allemands de Maximilien de leur montrer le chemin de la brèche. A ce propos, Petiliane disait à l'armée vénitienne qui était venue à son secours avec le fils du doge : « Si ce n'étaient les Français qui sont ici, croyez que devant 24 heures je sortirais de cette ville et en ferais lever le siége honteusement ». Finalement, il envoya les clefs de la ville à Louis XII, qui les remit à Maximilien.

Si l'on en croit Virgile, l'origine de Padoue remonte à Antenor et date de trois mille ans. Cette ville défendit la république romaine contre les Gaulois ; mais Alaric, et après lui Attila, la dépeuplèrent. Alors les Padouans se réfugièrent dans les lagunes de l'Adriatique et fondèrent Venise. A Padoue sont nés Tite-live et Canova. Galilée y professa à l'Université.

Vicence, jolie ville de 25,000 âmes, a éprouvé également des vicissitudes. Brûlée par l'empereur Frédéric Barberousse, elle fut dominée par Vérone et finit par tomber aux mains de Venise.

La plaine entre Vicence et Vérone fut le théâtre de nombreux combats. En 1805, Massena et l'archiduc Charles s'y battirent sans résultat.

Vérone fut fondée par les Gaulois ; elle tâcha d'arrêter les invasions des Barbares. Alaric et Stilicon, Odoacre et Théodoric se sont disputé sous ses murailles l'empire de la Péninsule. Charlemagne prit cette ville d'assaut. Pépin, son fils, à qui échut l'Italie dans le partage, la prit pour résidence. L'Autriche, quand elle se fut emparée de Vérone, qui est au centre de toutes les communications de l'Allemagne et de l'Italie, en fit une place forte importante. Le gouvernement militaire du royaume lombardo-vénitien fut mis à Vérone.

Les manœuvres de l'armée autrichienne, auxquelles était convié le comte de Chambord, devaient avoir lieu sur les bord du Mincio; mais, à l'arrivée du Prince, l'état-major n'avait pas encore quitté le quartier général. Ayant appris que le maréchal Radeczki devait venir lui présenter les officiers généraux, le Prince se hâta de le prévenir. Le comte Radeczki le reçut avec beaucoup de cordialité; il lui présenta, le jour même, son état-major.

Les rives du Mincio et de l'Adige sont fécondes pour la France en souvenirs glorieux. Au quartier général de Mozambano, le comte de Chambord se trouvait placé entre le champ de bataille d'Agnadel où vainquit Louis XII, et celui de Ravennes, où périt Gaston de Foix. Les luttes du prince Eugène et de Catinat, les victoires de Vendôme à Luzzara et à Cassano, les campagnes de Montmorency et de Schomberg, la victoire de Bonaparte, 80 ans plus tard, tout dans ce pays rappelait au jeune prince le génie de la France.

L'armée, forte de 32 bataillons, de 22 escadrons et de 12 batteries, formait deux corps, dont l'un occupait Peschiera et ses environs, et l'autre, appuyé au Mincio, figurait l'avant-garde d'une armée supposée venant de Mantoue. Les manœuvres durèrent six jours. Le terrain accidenté des rives du Mincio fut peu favorable à la cavalerie ; les chasseurs tyroliens étaient agiles et bien exercés, l'artillerie bien dirigée, mais le matériel était négligé. On sait qu'en Autriche le militaire n'est pas riche.

Pendant les manœuvres, on donna au comte de Chambord pour officier d'ordonnance le comte Alexandre Papenheim. Au milieu de ces brillants uniformes, le jeune Prince seul portait un frac de ville, ce qui lui faisait dire : « Je n'en suis pas moins colonel, et le plus ancien de l'armée. J'aurai bientôt vingt ans de grade ».

A Valleggio, le comte de Chambord habita chez la fille du marquis Maffei. Bonaparte faillit y être surpris, en 1796, par un parti de hussards qui s'y étaient introduits après le départ des troupes françaises. Le général n'eut que le temps de se sauver avec ses aides-de-camp par une petite porte du parc. Quelle capture pour l'Autriche, et comme les destinées du monde auraient été changées !

A Valleggio, le comte de Chambord se trouva en relation avec le duc de Cambridge. Comme le Prince lui demandait si, dans le cours de ses voyages, il n'irait pas visiter Paris : « J'irais bien volontiers, répondit-il, si vous y étiez ».

Le comte de Chambord s'intéressa, d'ailleurs, beaucoup aux manœuvres ; le soir, il allait visiter les bivouacs, parlant allemand et italien aux officiers et aux soldats. Il suivait les mouvements des corps et l'exécution des ordres du maréchal. « Pourquoi, disait-il, n'est-ce pas là une armée française? Avec quel bonheur j'irais y prendre mon rang. »

Le comte de Chambord partit le dernier jour des manœuvres, après avoir fait ses adieux au maréchal Radeczki, aux officiers généraux et au général Vincent, venu de France pour assister aux manœuvres. Le général ne voulut pas paraître au dîner d'adieu donné par le duc de Modène. Des larmes avaient roulé dans ses yeux au moment où il s'était éloigné du jeune Prince. Avant d'avoir vu, d'ailleurs, le fils de ses rois, le général Vincent était dévoué à sa cause. A peine eut-il passé dix jours dans son intimité, qu'il le quittait profondément dévoué à sa personne. C'est l'effet que le Prince produisait d'ordinaire.

IV

En quittant Valleggio, le comte de Chambord se rendit à Mantoue. Cette ville, où naquit Virgile, est entourée de marais, et la fièvre y est en permanence; aussi la meilleure manière de l'assiéger, c'est de la bloquer et de laisser à la fièvre le soin de réduire la garnison. C'est ce que fit Bonaparte.

Charlemagne fit de grandes améliorations à Mantoue. Le prince le plus illustre qui régna sur cette ville fut François de Gonzague, qui se mesura à Fornoue avec Charles VIII. On sait qu'Attila ravagea cette ville, et qu'arrêté devant ses murs par le pape saint Léon, au moment où il s'apprêtait à marcher sur Rome, le grand dévastateur consentit à s'éloigner de l'Italie.

Le prince Eugène et le duc de Vendôme se

rencontrèrent sous les murs de Mantoue. Dans cette ville également eut lieu l'entrevue de Napoléon avec son frère Lucien. Il lui offrait la couronne d'Italie; mais Lucien ne voulait accepter qu'un trône affranchi du vasselage que Napoléon imposait à toutes les royautés de sa création. Aussi l'entrevue fut orageuse et n'aboutit point.

De Mantoue, le Prince se rendit à Gênes en passant par Cremone, Pizzighitone, Novi et Tortone. La ville de Pizzighitone lui rappela le dernier exploit de Villars. Supplié par un officier de braver avec moins de témérité le feu de l'ennemi : « Si j'avais votre âge, répondit-il, vous auriez raison peut-être, mais à 83 ans, qu'ai-je de mieux à faire que de mourir ici? » « Cet homme-là a toujours été heureux, disait-il, quelques jours après, en apprenant la mort de Berwick sous le canon de Philippsbourg. » Villars n'eut pas ce bonheur : force lui fut de mourir dans son lit, à Turin où il était né.

La ville de Novi rappela également au Prince une grande action de guerre. Moreau et Souwarof furent aux prises. Au moment où les armées française et russe arrivèrent en présence, Moreau fut remplacé par un général plus brave, plus brillant qu'habile, le général Joubert. Joubert fut battu par Souwarof et tué, et ce fut Moreau qui sauva ensuite l'armée. Même fait arriva à Catinat qui, sur le point de livrer bataille, fut remplacé, sur l'Adige, par Villeroi Le prince Eugène battit Villeroi, et ce fut Catinat qui sauva l'armée.

Au delà de Tortone est la plaine de Marengo, où la victoire de Bonaparte effaça l'échec de Novi et décida du sort de la Péninsule. Ce beau fait d'armes rendit l'Italie à la France ; si la bataille avait été perdue, l'Italie eût été assurée à l'Autriche. On sait que le brave Desaix fut tué en arrivant sur ce champ de bataille où son intervention décida le succès. Le même jour, son rival de gloire et ami, Kleber, tombait en Égypte sous le poignard d'un assassin.

Gênes avait un intérêt tout particulier pour le comte de Chambord. Quatre de ses ancêtres, dans la vie accidentée de cette ville, lui avaient dicté des lois. Avant lui, qui la visitait en touriste modeste, Charlemagne, Jean d'Anjou, Louis XII et François Ier l'avaient visitée en vainqueurs et en maîtres. Trois maréchaux de France, Boufflers, Richelieu, Massena, l'avaient vaillamment défendue. Le Fils de France était presque chez lui, dans cette ville dont les archives sont à moitié françaises. Gênes, d'ailleurs, constituait une grande partie de la force maritime du royaume de Sardaigne. Ce royaume aurait pu devenir une puissance maritime de troisième ordre, comme la Suède, le Danemark et la Hollande, s'il avait pu compter sur la France.

A Gênes, dans l'église de l'Annonciade, est une chapelle qui appartient à la France. Là repose le corps du maréchal de Boufflers qui, selon l'historien Denina, « fut reçu par les Génois comme un libérateur, et en mérita le titre par l'héroïsme et le génie qu'il déploya dans la défense de Gênes contre les Autrichiens ».

Le comte de Chambord s'embarqua à Gênes pour Livourne. En approchant de cette ville, il aperçut dans le lointain l'île d'Elbe, qui fut quelques mois le séjour de Napoléon, avant les Cent-Jours et Waterloo. En contemplant les milliers de vaisseaux qui sillonnent les eaux bleues de la Méditerranée, le Prince pouvait se dire que c'était à son aïeul qu'on avait dû de voir cette riche mer débarrassée des pirates audacieux et hardis qui l'infestaient.

La route de Florence à Pise est fort belle. Pise avait autrefois 100,000 habitants et était la troisième des républiques italiennes. Elle n'a plus aujourd'hui que 20,000 habitants. La cathédrale est fort belle, et la tour penchée, cette curiosité d'équilibre, existe encore. Du reste, Bologne a également des tours penchées. Est-ce bien un caprice d'architecte?

De Pise, le Prince se rendit à Sienne par la Scala. Encore une ville déchue. Elle avait autrefois 150,000 habitants et faisait ombrage aux Romains, et plus tard à Florence et à l'empereur d'Allemagne; elle prit une part active aux querelles des Guelfes et des Gibelins; mais, en 1840, elle ne comptait plus que 25,000 âmes. Elle avait aussi sa part du bonheur dont jouissaient ses anciens ennemis, les Toscans, sous le gouvernement de l'Autriche.

Un joli souvenir rétrospectif pour Sienne. Le marquis de Marignano, à la tête des troupes de Florence et de l'Empire, assiégeait Sienne, défendue par Montluc. Les femmes de la ville s'associèrent à la défense. Elles se répartirent en trois bandes : ces trois escadrons étaient composés de 3,000 femmes. Leurs armes étaient des pelles, des fascines, des hottes, et en cet équipage elles travaillèrent aux fortifications. Elles avaient composé un chant en l'honneur de la France, et le chantaient en allant au travail. Cela se passait au XVIe siècle.

Au delà de Sienne, et jusqu'au lac de Bolsene, l'aspect du pays est sévère. Bolsene rappelle des souvenirs lointains ; à sa place s'élevait jadis Volsinium, l'ancienne capitale des Volsques, ces redoutables ennemis de Rome.

Le lac, théâtre des pêches joyeuses de Léon X, passe pour avoir été le cratère d'un volcan. Un peu plus loin est Orvieto, petite ville justement fière de sa cathédrale, à laquelle Nicolas Pisani et Michel-Ange ont attaché la gloire de leur nom. C'est à Orvieto que Louis IX fut canonisé, en 1297, par le pape Boniface VIII. Cet hommage rendu aux vertus chrétiennes de saint Louis par le plus ardent champion de la puissance pontificale, ajoute, s'il est possible, à la gloire du saint roi.

Au delà de Bolsene est située, sur une colline, Montefiascone, ancienne métropole dont le siége fut rétabli par Pie VI en faveur d'un orateur célèbre dans les luttes de la Constituante, l'abbé Maury.

On trouve ensuite Viterbe, qui a vu naître Ægidius, le célèbre prédicateur, et sainte Rose, qui, à seize ans, se déclara l'adversaire de Frédéric II et l'alliée du pape Innocent IV. Elle combattit l'usurpation de l'empereur, fut vaincue et proscrite, et rentra triomphante dans sa patrie après la mort du tyran.

De Viterbe à Rome la campagne semble déserte ; sans les bourgs de Capraruola et de Bonciglione, on douterait qu'elle fût habitée. On aperçoit la Ville Éternelle à une lieue et demie environ. Bientôt on voit Saint-Pierre. On voit aussi le pont Milvius, auquel tant de souvenirs se rattachent. C'est là que Constantin triompha de Maxence, et où le Labarum porta le dernier coup au paganisme. Il faut se rappeler aussi qu'en 774 Charlemagne fut reçu par les Romains comme un libérateur et un souverain bien-aimé. On saluait en lui le vainqueur des Lombards, venu à Rome pour accroître le domaine de Saint-Pierre et jeter les fondements du second empire d'Occident.

V

Le 20 octobre, le comte de Chambord arriva à Rome. Il y entra, voyageur ignoré, par cette porte Flaminienne que Charles VIII franchit autrefois la lance au poing, précédé des hommes d'armes de France. Le Prince alla loger sur la place d'Espagne et s'y établit dans le plus strict incognito ; mais son arrivée était un événement par elle-même, et la maladresse de la diplomatie allait lui donner de l'importance.

Le Prince était descendu à l'hôtel de l'Europe. Personne ne soupçonnait sa présence, pas même le maître de l'hôtel. Le duc de Levis se rendit le lendemain chez le cardinal Lambruschini, secrétaire d'Etat des affaires étrangères, pour lui faire connaître l'arrivée du Prince et son désir d'être reçu par Sa Sainteté.

Cette communication produisit une certaine impression. On avait écrit de Vienne que le petit-fils de Charles X renonçait au voyage d'Italie. D'autre part, l'ambassadeur de France venait de mander à sa cour que le comte de Chambord ne sortirait pas de l'Autriche. Le lendemain, il fallut envoyer une autre dépêche et avouer que le Prince était à Rome. Tout le monde va à Rome; le descendant de saint Louis avait voulu faire comme tout le monde. Obligée de l'accepter, la diplomatie émit alors la prétention d'interdire au Prince l'entrée du palais papal, où un ambassadeur turc venait d'être reçu avec beaucoup de courtoisie.

Mais alors le Saint-Père, retenu par une indisposition au Quirinal, son palais d'été, ne sortait pas et ne recevait personne. La réception du comte de Chambord fut donc ajournée; toutefois Grégoire XVI chargea Mgr Massimo, son majordome, de mettre à la disposition de l'auguste voyageur tous les moyens de visiter les monuments de la ville sainte.

La première visite du comte de Chambord fut la basilique de Saint-Pierre. Pour aller à Saint-Pierre de la place d'Espagne, il faut passer le pont Saint-Ange. En deçà du pont, est une petite place destinée à l'exécution des criminels : à droite de la place est une chapelle où les condamnés entendent la messe avant de subir leur peine. De plus, la coutume est que le Pape jeûne la veille d'une exécution, et prie pour obtenir la confession du condamné.

Le château Saint-Ange fut d'abord un tombeau, celui de l'empereur Adrien. Léon IV, menacé par les Sarrasins, fit entourer d'une muraille tout le quartier Saint-Pierre. Nicolas V, en

1451, augmenta les fortifications. Alexandre VI joignit par une galerie le Vatican au château Saint-Ange. Il s'y réfugia par cette voie, quand Charles VIII entra à Rome, mécontent de la politique du Pontife, et parlant en maître. C'est dans les environs que se trouve la maison où Raphaël s'éteignit à 37 ans, épuisé par l'excès des voluptés.

On aperçoit enfin la place Saint-Pierre, sa magnifique colonnade, ses fontaines, l'obélisque, le Vatican et la basilique. Vue de la place, elle ne répond pas à la pensée de Michel-Ange; on regrette que le plan de l'architecte Maderne ait prévalu. On entre par un beau portail, au-dessus duquel est une mosaïque de Giotto, dans le vestibule, qui lui-même a les proportions d'une église. Il communique avec la basilique par cinq portes. Aux deux extrémités, s'élèvent deux statues équestres, celle de Constantin et celle de Charlemagne, les deux protecteurs de la chrétienté.

La basilique présente un luxe prodigieux de sculptures, d'ornements, de décorations, de bas-reliefs, de mosaïques, de statues et de peintures. On admire surtout cette coupole immense, dotée par Michel-Ange des proportions du Panthéon, et que son audacieux génie a élevée sur quatre piliers, à quatre cents pieds du sol. Au-dessous de la coupole, est le maître autel, tourné vers l'orient, exhaussé par sept marches de porphyre, et surmonté du baldaquin de bronze doré que le Bernin a soutenu par quatre colonnes torses du même métal. Au-dessous du maître-autel est le sépulcre de saint Pierre. Le corps de Pie VI y repose à côté des reliques du premier des apôtres.

Cent vingt Papes, d'ailleurs, ont été enterrés à Saint-Pierre, ainsi que beaucoup de princes et de princesses. Les souterrains sont une vraie nécropole. Dix-neuf tombeaux s'élèvent dans les diverses chapelles, entre autres ceux de Pie VII, de Paul III, d'Urbain VIII, et celui des Stuarts, cette race royale d'Angleterre à jamais morte.

Saint-Pierre est le plus beau monument qui existe: des statues au nombre de cent trente-six, des tableaux de peintres illustres, la Transfiguration de Raphaël, la Communion de saint Jérôme, le Martyre de saint Erasme, des mosaïques, etc. 260 millions ont été enfouis là, et leur perception a été l'une des causes de la division qui affligea l'Eglise chrétienne.

Le comte de Chambord visita ensuite le Panthéon, aujourd'hui Sainte-Marie-des-Martyrs. Cet édifice, construit par Agrippa, avait été dédie à Auguste, qui le céda à Jupiter et aux autres dieux. Le portique est un merveilleux travail de l'art ancien. Puis il visita le Vatican, encombré de chefs-d'œuvre, la bibliothèque, les chapelles Sixtine et Pauline, toutes deux ornées des plus belles fresques de Pérugin et de Michel-Ange. Les chambres auxquelles Raphaël a donné son nom sont ornées des œuvres de trois générations de peintres, le Pérugin, Raphaël et Jules Romain. Il y a encore des tableaux de Paul Véronèse, du Titien, du Caravage, du Dominiquin, du Guide, du Poussin, de Fra-Angelico-Fiésole, etc. Des ordres avaient été donnés pour que le Prince vît aux flambeaux le musée des sculptures. Les deux statues les plus belles sont celles de Démosthènes et de l'Apollon du Belvedère; cette dernière est sortie des fouilles d'Antium.

Les jardins du Vatican sont fort beaux. Le plus précieux ornement de ces jardins, c'est la villa Pia, ouvrage de l'architecte Ligorio, et qui est un charmant casino décoré de stucs et de peintures remarquables; il a été dessiné sur le modèle des maisons de campagne au temps des Césars. N'oublions pas de mentionner le Capitole. Toute l'histoire romaine s'y trouve, depuis les Sabins qui s'y établirent avec leur roi Tatius jusqu'aux conservateurs qui l'occupent aujourd'hui. A quelques pas du Capitole, est la roche Tarpéienne, d'où fut précipité Manlius, le sauveur de Rome, le vainqueur des Gaulois.

Le palais du Sénat est bâti sur l'emplacement de l'ancien Atrium. La place qui conduit à ce monument est ornée d'une belle statue équestre, en bronze doré, de l'empereur Marc-Aurèle. En haut et de chaque côté des degrés qui aboutissent à la maison de Rienze, sont les statues de Castor et de Pollux près de leurs chevaux.

C'est de ce point élevé que, en 1798, le général Berthier, plus tard prince de Neufchatel et courtisan de Napoléon, le front ceint d'une couronne, entouré d'un pompeux cortège, annonça au peuple romain « que les enfants des Gaules relevaient les autels de la liberté fondée par le premier des Brutus ». Cette parodie grotesque des temps antiques fit rire les Romains, qui ne manquent pas d'esprit.

En allant du Capitole au Forum, on trouve la petite église de Saint-Joseph. Sous l'église est la prison Mamertine. C'est dans ces cachots que Néron enferma saint Pierre et saint Paul avant leur martyre. L'escalier qui communiquait du Capitole à ce lieu de douleur, s'appelait les Gémonies; on y exposait les corps des suppliciés. A quelque distance se trouvent les ruines du Colisée, le grand amphithéâtre où cent mille spectateurs entraient par soixante-dix portes, et où cinq cents gladiateurs combattaient dans l'arène cinq mille bêtes féroces.

Ce ne fut que sous l'empereur Honorius que ce sanglant spectacle fut aboli. Près du Colisée est la Meta Sudano, débris d'une fontaine où les gladiateurs venaient se désaltérer après les combats du cirque et laver leurs blessures.

Çà et là encore des vestiges d'anciens monuments. La rotonde des Vestales, bâtie par Numa, a conservé dix-neuf colonnes cannelées d'ordre corinthien. C'était une annexe du temple du Forum, près duquel habitaient les vierges de Vesta.

Les monuments du Forum, qui offraient un abri au peuple réuni dans ses comices, ne sont plus représentés que par quelques débris. Mais à Rome les ruines sont utilisées. Ainsi du gigantesque palais impérial que le premier empereur romain fit construire sur le Palatin se sont formés les thermes de Titus, l'amphithéâtre Flavien, le temple de la Paix, la villa Farnese.

La nouvelle de la présence du comte de Chambord à Rome s'étant ébruitée à Naples, Florence, Venise, de nombreux visiteurs arrivèrent de ces villes. Le comte de Montbel vint également augmenter l'entourage du Prince, ainsi que M. Trebuquet, son ancien professeur. D'autre part, la duchesse de Levis ayant rejoint son mari, son salon devint un lieu de réunion où l'on rencontrait souvent le comte de Chambord.

Les peintres et les sculpteurs présents à Rome s'étaient fait présenter au Prince; il leur fit le plus charmant accueil, car on sait quelle passion il a pour les arts. Cependant l'appartement de l'hôtel de l'Europe était devenu trop petit pour le grand nombre de personnes qui demandaient à y être admises. La diplomatie française voyait cela avec un vif mécontentement; des démarches se faisaient pour obliger le Prince à quitter Rome. Le comte de Chambord, résolu à ne pas céder à ce système d'intimidation, mais en même temps ne voulant rien permettre qui pût inquiéter le Saint-Père, jugea que le meilleur moyen de mettre fin à ces obsessions était de faire un établissement pour trois mois. « Je ne voulais que passer à Rome, disait-il en riant; ils vont me contraindre à l'habiter. »

Aussitôt la résolution du Prince connue, plusieurs personnes lui offrirent des habitations. M. Valentini, le banquier, mit à sa disposition une charmante villa. Le Prince ayant refusé, il le pria d'accepter un excellent tableau de Camuccini, dont le sujet est Faustula, berger du roi d'Albe, apportant à sa femme Laurentia Romulus et Remus. Le prince Musignano, fils aîné de Lucien Bonaparte, savant distingué et homme de cœur, lui offrit également sa villa située près de la porte de Pie. Mais il préféra rester au centre de la ville, et un Français établi à Rome, M. Bouis, se chargea de meubler le palais Conti.

Les dispositions pour passer une partie de l'hiver à Rome étant ainsi prises, on fit venir des équipages, et le comte de Chambord put dès lors parcourir à cheval les environs de la ville, et étudier cette campagne romaine où les ruines parlent et racontent l'histoire du grand peuple. L'une des premières excursions du Prince eut pour but la Ruffinella, joli château habité par sa tante, la reine douairière de Sardaigne. Il y passa un jour entier. La reine avait acheté cette somptueuse habitation du prince de Canino, et de ce point élevé la vue était admirable. Le Prince visita également Grotta-Ferrata, vieille abbaye, et Castel-Gandolfo, où le Pape a sa résidence d'été. Le lac voisin, sorti des flancs d'un volcan, est entouré de montagnes; l'une d'elles a été percée par les Romains pour préserver, au moyen d'un canal, leur ville de la crue subite des eaux du lac. Ce magnifique travail, inspiré, dit-on, par l'oracle de Delphes, existe encore, aussi bien conservé que s'il datait d'hier. Frascati, Tivoli, où errent les ombres de Mécène, de Catulle et d'Horace, la grotte de Neptune, gouffre creusé par la chute des eaux de la grande cascade qui se précipite de soixante-dix pieds sur les pointes du rocher. et produit en tombant de superbes effets de lumière, reçurent aussi la visite du Prince. Près de Tivoli est l'ancien palais d'Adrien, où furent dépensés tant de millions.

De Tivoli on aperçoit Palestrine, l'ancienne Preneste, dont l'origine est antérieure au siége de Troie. Elle fut rasée par Sylla, pour avoir ouvert ses portes à Marius. Relevée de ses ruines, elle fut détruite par Boniface VIII, parce qu'elle était la place d'armes des Colonnes qui s'étaient révoltés contre le Pape; mais le pontife la fit rebâtir quelque temps après. Cette ville a donné naissance au célèbre compositeur qui porte son nom, Palestrina. Elle est redevenue un titre de principauté pour la branche Barberini, de la famille Colonne.

Le comte de Chambord visita ensuite Sainte-Marie-Majeure et Saint-Pierre-aux-Liens. La basilique de Sainte-Marie est située au sommet du mont Esquilin. Elle date de plusieurs siècles; elle se divise en trois nefs séparées par trente-six belles colonnes de marbre; elle renferme les tombeaux de Clément XI et de Nicolas IV, et le mausolée de Sixte-Quint. Saint-Pierre-aux-Liens doit son nom aux chaînes des deux apôtres saint Pierre et saint Paul qui y sont conservées dans une chapelle.

En sortant de cette chapelle, le Prince se trouva tout à coup au milieu du collége de Saint-Pierre, collége mixte, composé de nobles et de plébéiens. Son nom passa de bouche en bouche; ces jeunes gens l'entourèrent et lui baisèrent la main avec les plus profonds témoignages de respect.

Le palais Conti, habité par le comte de Chambord, était situé sur la place de la Minerve. A côté était l'église de Sainte-Marie-sur-Minerve, bâtie par Grégoire XI, avec les débris du temple que Pompée avait élevé dans cet endroit à la déesse de la guerre. Il y avait également le collége de l'académie ecclésiastique. Les supérieurs de ce bel établissement vinrent prier le Prince de le visiter, et lui offrirent la jouissance de leur bibliothèque, due à la munificence du cardinal Casanata, et qui est la plus riche de Rome après celle du Vatican.

La place de la Minerve était fort animée depuis l'installation du Prince. Le matin il recevait les personnes qui désiraient le voir particulièrement, et le soir, au moins une fois la semaine, toute la société de Rome. Chaque jour il se réservait une heure pour converser en italien avec le savant M. Barola, l'homme de l'Italie qui parlait le plus purement sa langue.

Mgr Wisemann était alors principal du collége anglais à Rome. Il se fit présenter au Prince, et lui demanda de visiter son collége. Le comte de Chambord y vint, accompagné du duc de Levis et de M. de Montbel, et visita les salons et la bibliothèque. En passant devant la carte de France, M. M... la regarda en soupirant. Un jeune élève lui dit avec à-propos, en désignant le Prince : « Vous devriez vous consoler, Monsieur; ne voilà-t-il pas encore la France? » Le Prince entendit, et se retournant vers le jeune insulaire, il lui dit : « Un Français n'eût pas mieux dit. » Le comte de Chambord reçut en audience presque tous les Anglais distingués qui se trouvaient à Rome : MM. Percy et Sandon, membres du parlement; les lords Meath, Walpolo, Greville, le comte Beverley; plusieurs généraux anglais; M. Fraser-Frisel, ancien membre de la chambre des Communes; lord Harrowby, qui fut le collègue de Pitt et de Canning dans le ministère que la Grande-Bretagne, après la rupture du traité d'Amiens, opposa au Premier Consul. Lord Talbot de Shrewsbury, premier comte d'Angleterre, grand maréchal d'Irlande, se montrait aussi fort assidu chez le Prince. Le noble seigneur était heureux d'offrir ses hommages au descendant de ce roi qui, après la journée de Patay, traita si généreusement le vaillant Talbot, fait prisonnier.

Plusieurs Russes de distinction étaient également admis aux soirées du palais Conti : on y rencontrait le prince Galitzin, M. Melgounoff, maréchal de la noblesse de Moscou ; M. Klopmann, honoré de la même dignité en Livonie ; le général comte de Lambert, d'origine française, et qui commandait, en 1807, une division russe à Friedland.

La noblesse romaine abondait dans les salons. On y voyait le prince Doria, le prince Massimo, allié à la famille royale de France par la princesse Christine de Saxe, son épouse; le prince d'Arsoli, son fils aîné, son père, majordome du Pape ; le sénateur Orsini, les ducs de Lante et de Sora, les princes Chigi et Gaëtani, le gouverneur de Rome, Mgr Vanicelli ; le maître des cérémonies du Saint-Père, Mgr Pallavicini ; on voyait également des seigneurs espagnols et portugais, des évêques.

Les femmes les plus distinguées embellissaient ces réunions : les princesses del Drago, Orsini Lancelotti, Campagnano, Corsini, Castelbarci ; ladies Greville, Rokeby, Davy, Beverley ; madame Perceval ; la comtesse Karuli, les comtesses Dietrichstein et d'Eglostein ; la princesse Doria, sa mère, la noble comtesse Shrewsbury, qui fut conduite chez le Prince par le désir de rendre hommage au représentant de la plus illustre Maison royale, et qui se montra, après l'avoir connu, amie sincère, active et dévouée. « Je passe mes matinées à écrire en Angleterre, disait elle à M. de Locmaria, pour arrêter les mauvais propos qu'on tient sur le Prince. Le nom du digne Fils de France est toujours sous ma plume. Mais qu'il vienne donc, qu'il se montre. Pour mon compte, je serai heureuse et fière de le recevoir dans notre pays. » Ce vœu se réalisa quatre ans plus tard.

Le Prince reçut également la visite du doyen du Sacré-Collége, du cardinal Pacca, et des cardinaux Lambruschini, secrétaire d'Etat des affaires étrangères, et Bernetti, son prédécesseur. Ce dernier assistait presque tous les jours aux soirées intimes.

Mais ce qui charmait surtout le comte de Chambord, c'est qu'au milieu de ce cercle brillant de notabilités étrangères, il s'était formé un groupe très nombreux de Français, au milieu desquels il pouvait se croire dans sa patrie. Tous les rangs, tous les services, tous les talents se trouvaient représentés, le matin, dans son cabinet, ou, le soir, dans son salon, depuis l'humble artisan de Marseille jusqu'aux noms des Montmorency et des Rohan.

Un grand nombre de dames françaises ornaient aussi les salons si animés du palais Conti : on y retrouvait Mlle Fauveau, l'artiste célèbre, assise entre les duchesses de Levis et de Rohan ; madame Gros, la compagne de l'illustre peintre, près des duchesses de Fleury et de Gontaut-Biron. L'habitation du comte de Chambord était, en réalité, devenue le rendez-vous de la société de Rome.

La diplomatie seule faisait défaut. A l'exception du comte de Ludolf, ambassadeur de Naples, où régnait un prince de la famille royale de France, aucun diplomate n'avait demandé à être reçu chez le Prince, quelque intérêt qu'inspirât à tous les ministres étrangers le caractère du comte de Chambord. Cette réserve, uniquement fondée sur les avantages que l'Europe retirait de la position faite à la France, était à la fois un sujet de peine et de fierté pour le Prince.

Un jour, il ouvrit son cœur à ce sujet dans un cercle intime : « On a prétendu, dit-il, que ma famille avait été ramenée en France par les étrangers. Cette assertion est complétement fausse. Mon aïeul, mon père et mon oncle ont quitté spontanément et en secret la terre d'exil, pour se placer entre la France et l'ennemi qui la menaçait d'un démembrement. Les obstacles qu'ils rencontrèrent alors de la part de l'étranger, prouvent le caractère national de leur intervention. Mon oncle gouvernait par les Français, et contre le gré de l'Angleterre, Bordeaux et une partie du Midi, au moment où les ministres de la coalition traitaient à Châtillon avec M. de Caulaincourt ; mais enfin, en supposant que la mauvaise foi ait pu trouver dans les événements de la guerre un prétexte à cette calomnie, ceux qui m'auront vu à Rome oseront-ils jamais de dire de moi que je suis le Prince des étrangers ? Aux yeux de mes adversaires comme à ceux de mes amis, je suis Français de la tête aux pieds. »

Cette déclaration fit une impression profonde. Quelques jours après, arriva à Rome, sur la demande du comte de Chambord, le comte de La Ferronnays, ancien ministre de France à Saint-

Pétersbourg et à Rome. Dans ses conversations avec le savant diplomate, le Prince apprenait à connaître les ministres, les diplomates et la politique des diverses cours, avant et après la Révolution. Membre de deux congrès, et ministre des affaires étrangères dans le cabinet de M. de Martignac, le comte de La Ferronnays était resté en relations avec les personnages les plus influents de l'Europe. Il avait vécu dans l'intimité de l'empereur Nicolas; il avait vu ce prince dans les plus difficiles circonstances de son règne.

En attendant, la diplomatie travaillait activement à empêcher la réception du Prince par le Pape. Cette prétention fut hautement repoussée, le jour où Sa Sainteté put être assurée que la politique européenne ne l'abandonnerait pas à ses seules forces.

La visite du Prince au Saint-Père fut fixée au 21 novembre. Les tracasseries qui la retardèrent avaient rendu la personne du comte de Chambord très-sympathique à la population. Un grand concours de monde remplissait la cour, le vestibule et les salons du Quirinal, quand il les traversa pour se rendre dans le cabinet du Souverain Pontife. Après vingt minutes de conversation, le Prince demanda à Sa Sainteté de lui présenter sa suite; le Pape le reçut avec bonté, et l'on vit qu'il savait apprécier le zèle et la prudence du clergé de France.

Grégoire XVI appartenait à l'ordre des Camaldules. Il avait conservé sur le trône pontifical la simplicité du religieux. Il était âgé de 80 ans, et n'en supportait pas moins le fardeau des affaires; il montra beaucoup d'intelligence dans la gestion des deniers de l'Etat, et fit plusieurs réformes utiles. Dans le cabinet où il se retire pour méditer, il n'y a pour ornement qu'une lithographie. Elle représente Charles X, non pas sur son trône, mais exilé et au moment où, assis devant le foyer d'un Ecossais fidèle à la mémoire des Stuarts, il refuse la clef de la chambre qu'avait habitée Charles-Edouard.

Le jardin du Quirinal est vaste, mais moins agréable que celui du Vatican. Grégoire XVI fut le parrain du fils de Marie-Thérèse, Joseph II.

Les derniers jours que le comte de Chambord passa à Rome furent très-mouvementés. Les principales familles de la société européenne se disputaient l'honneur de le fêter. La comtesse polonaise Rzewuska lui donna une loterie; la comtesse d'Eglostein, un fort joli bal. A ce bal, le comte et la comtesse de Spaur, et le comte et la comtesse Potemkin, se firent présenter au Prince. Peu de jours après, une dame russe, la comtesse Kaiseroff, femme du général en chef de l'armée, offrit au petit-fils de Charles X un spectacle composé de deux jolis vaudevilles du théâtre français, le *Savant* et *Vatel*. La société européenne avait fourni les acteurs; on comptait parmi eux une Française, une Russe, une Allemande, un Belge, un Hongrois et plusieurs Français.

Lady Beverley et, peu de jours après, madame Fraser-Frisel, une Française, eurent également l'honneur de recevoir l'auguste voyageur. Le duc de Torlonia, qui depuis s'est allié à l'illustre famille Colonne, ne voulut pas être en reste. Il donna une fête au comte de Chambord, dans son joli hôtel. Un dîner de cinquante couverts et un charmant spectacle formèrent le programme de la soirée. On joua *le Frère et la Sœur*, traduit en italien, et une comédie burlesque où le chevalier Barbieri eut beaucoup de succès.

Chaque jour, d'ailleurs, le bateau à vapeur amenait de nouveaux Français. Des négociants, des artisans du Midi avaient quitté leur comptoir pour venir saluer le Fils de France. Nul ne le voyait sans émotion ; quelques-uns éclataient en sanglots ; d'autres, cédant à des impressions trop vives, se sentaient défaillir. Le Prince s'efforçait par sa bonté de les rendre à eux-mêmes. Des scènes très-touchantes eurent lieu dans son cabinet.

Un hommage plus significatif encore fut adressé au comte de Chambord par le seul homme qui, depuis la mort de Lafayette, eût pu devenir un drapeau sérieux pour une nouvelle révolution. Le prince Lucien Bonaparte, éloigné du théâtre de la politique, mais toujours occupé des intérêts de la patrie, suivait, du fond de sa retraite, la marche des affaires et le mouvement des esprits. Instruit par ses correspondances de la conduite et des actes du petit-fils de Charles X, il ne put résister au besoin de lui adresser, par l'organe d'un ami sûr, des paroles qui honorent le jugement et le cœur de ce personnage célèbre. Le Prince lui répondit comme à sa place l'aurait fait Henri IV, et le frère de Napoléon put voir que ses correspondants ne l'avaient pas trompé.

Le comte de Chambord ne s'occupait pas seulement des arts et des monuments historiques, il visitait aussi tous les établissement utiles, les institutions de travail et de charité, les hôpitaux, les conservatoires de jeunes filles, le pénitencier des jeunes détenus, placé sous la direction du prince Odescalchi, dévoué à cette régénération de l'enfance par les bons conseils et les préceptes de la religion. Il visitait également les colléges et les bibliothèques. Un jour, à la bibliothèque de la Propagande, il rencontra un jeune Chinois de la famille impériale de Chine, qui improvisa en son honneur quelques vers dont voici la traduction : « Exilé volontaire d'un pays lointain, j'y retournerai bientôt pour y porter la religion de mes pères qui sera, un jour, je l'espère, celle de nos enfants. Exilé toi-même, mais par l'injustice des révolutions, puisses-tu revoir aussi ta patrie et les tombeaux sacrés de tes pères ! »

Chaque jour était consacré à la visite d'une galerie, d'un atelier, d'une école. Se trouvant un jour au milieu des dix-sept cents tableaux du palais Borghèse, après avoir admiré les Descentes de croix de Raphaël et de Van Dick, et surtout la Sybille de Cumes, du Dominiquin, une idée lui passa par la tête : « Allons, dit-il, maintenant voir des tableaux moins précieux mais plus intéressants pour moi. » Il alla dans le voisinage du Tibre, monta plusieurs escaliers d'une maison et pénétra tout à coup dans un atelier où il n'était pas attendu. Trois jeunes peintres français y travaillaient. Ils reconnurent le Prince et furent plus touchés que surpris de sa visite. Ils étaient républicains; mais le Fils de France s'inquiète d'abord du lieu de naissance des hommes, et s'ils sont Français et dignes de l'être, il n'en demande pas davantage et ne voit plus en eux que des amis. Plusieurs tableaux étaient commencés ; un seul était fini : c'était une vue du lac Nemi, l'un des plus jolis sites des environs de Rome. Le prince en fit l'acquisition et engagea ses jeunes compatriotes à venir le voir.

Le Prince passa la nuit de Noël chez le prince Massimo. La duchesse de Fleuri lui donna aussi une fête. La fin de l'année fut marquée par de beaux jours. Il en profita pour parcourir à cheval les environs de Rome ; le mont Testacé lui rappelait les plus belles vues du Poussin ; c'est là que le célèbre artiste s'inspirait au spectacle de Rome et de sa campagne ; un peu plus loin, il s'arrêta devant le champ où les Horaces luttèrent avec les Curiaces ; il parcourut l'allée d'arbres qui aboutit à l'église de Saint-Paul, où saint Pierre et saint Paul se séparèrent au moment de leur martyre.

Le 1er janvier, le Prince se rendit au Vatican, où le Pape avait repris sa résidence d'hiver. Grégoire XVI, dans le cours de cette visite, montra au comte de Chambord son appartement privé et les plans des travaux qu'il avait terminés, et de ceux qu'il méditait encore.

Le soir du même jour, tous les Français — les Français seulement — furent reçus au palais Conti. « Je désire, avait dit le comte de Chambord, passer cette journée en famille. » Les étrangers comprirent et respectèrent cette délicatesse de sentiments. La patrie absente fut le sujet des conversations.

Puis le Prince, ayant vu à Rome tout ce qui pouvait l'intéresser, partit pour Naples, où le roi des Deux-Siciles, son oncle, l'attendait avec impatience. Le comte de Ludolf, son ambassadeur, était chargé de prendre les ordres du Prince pour le voyage.

En partant, le Prince déclara qu'il reviendrait à Rome après son séjour à Naples : « On publierait, dit-il, que j'ai été forcé de m'éloigner ; je passerai donc assez de temps au palais Conti pour bien constater ma liberté d'action et l'indépendance du Saint-Siége. On n'en dira pas moins peut-être que mon éloignement de Rome m'a été imposé; mais enfin cette prétention sera démentie par le fait même de mon retour. »

VI

Le comte de Chambord partit de Rome, le 5 janvier, pour Naples. Il emmenait avec lui le comte de La Ferronnays; il voulut voyager à petites journées, pour mieux voir ce pays intéressant par les événements qui s'y sont accomplis.

La route de Naples est attristée d'abord par de nombreuses ruines ; ce sont, pour la plupart, des débris d'aqueducs et de tombeaux épars dans les campagnes; puis on arrive au lac d'Albano, dont les eaux de cristal, entourées de hauts platanes, de bosquets de myrtes et de lauriers, embellissent la contrée. Près de là, est Velletri, autrefois Velitza, une des principales villes des Volsques. Elle fut le théâtre de la gloire de Camille et la patrie d'Auguste. Au delà de Velletri, sont les marais Pontins, si malsains et presque inhabités.

La dernière ville des Etats pontificaux est Terracine. Un peu plus loin, est la frontière ; le poste des douanes est à Fondi. De ville princière qu'elle était, Fondi a bien dégénéré. Fondi fut le séjour de la belle Julie de Gonzague. C'est là que mourut, sous ses yeux, le jeune et vaillant Hippolyte de Médicis, au moment où il venait lui demander de consacrer l'épée qui allait combattre les Tunisiens. C'est là aussi que Julie faillit être enlevée par Barberousse, amoureux, à sa manière, des charmes de la princesse. Furieux de l'avoir manquée, il détruisit en partie Fondi.

On montre dans cette ville la chambre qu'habita l'Ange de l'Ecole, saint Thomas d'Aquin. Son âme aimait la vérité. Un jour qu'Innocent IV lui montrait son épargne et lui disait : « Vous voyez que l'Eglise ne peut plus prononcer ces paroles : je n'ai ni or ni argent. » — « Il est vrai, Très Saint-Père, répondit Thomas, mais elle ne peut plus dire au boiteux : lève-toi et marche. »

La contrée entre Fondi et Itri a été pendant une longue suite de siècles le quartier général des contrebandiers, pirates et brigands et autres admirateurs du bien d'autrui. Ce genre d'admiration n'exclut pas cependant, chez eux, celle de la gloire et du génie. Scipion l'Africain, exilé de Rome, fut visité dans sa retraite de Linterne, par des corsaires ; mais, ayant appris que c'était le vainqueur d'Annibal qui habitait là, ils demandèrent à échanger leurs espérances de butin contre le bonheur d'apercevoir le héros de Zama. Scipion se présenta à eux, et les corsaires se prosternèrent devant lui. Dix-huit siècles après, le Tasse obtint la même distinction sur le même rivage. Le nom du chantre d'Armide et de Godefroy désarma les brigands, et ils respectèrent ses bagages. Ils lui firent même un cadeau. Pareille aventure arriva aussi à l'Arioste, gouverneur de Spolète. On pardonna au gouverneur en faveur du poète.

On voit entre Itri et Mola le monument funèbre de Cicéron. C'est là, en effet, qu'il fut surpris dans sa litière par les émissaires d'Antoine, au moment où il allait s'embarquer. Cicéron, vieilli, n'était plus que l'ombre de l'adversaire de Catilina; il ne sut ni attendre la mort ni l'éviter.

Le tombeau du grand orateur est, en quelque sorte, voisin du berceau de la fortune d'Octave; c'est là qu'Octave fit les premiers pas dans cette carrière de ruse et de sagesse, de barbarie et de magnanimité, de faiblesse et de grandeur, qui le conduisit, sous le nom d'Auguste, à l'empire de l'univers.

Mola, dans une situation ravissante sur le golfe de Gaëte, n'est séparée de cette forteresse que par une lieue et demie. Le comte de Chambord partit une heure avant le jour pour Gaëte. Le temps était magnifique; on apercevait du rivage les feux du Vésuve, et se détachant dans le crépuscule, les îles d'Ischia et Caprée, le témoin des proscriptions et des débauches de Tibère. Le gouverneur de Gaëte fut tout étonné d'apprendre l'arrivée si matinale du Prince; il fit lever les troupes, et chacun fut vite à son poste. Le gouverneur fit avec empressement au neveu de son roi l'honneur de son commandement. Le comte de Chambord visita la ville en détail; il examina le front d'attaque du dernier siége et tous les établissements militaires. Puis il retourna à Mola et prit la route de Naples. Cette route est pleine de souvenirs glorieux pour la France. En sortant de la ville, sur la droite, coule le ruisseau où Bayard, seul avec son écuyer, arrêta, sur un pont, la cavalerie de Colonne et sauva l'armée de Saluces; plus loin est le Garigliano, témoin de la lutte glorieuse de la petite armée de Louis XII contre les deux grands généraux de l'époque, l'Alviane et Gonzalve de Cordoue.

C'est sur cette rive que Marius, caché dans les roseaux, fugitif, faillit trouver son tombeau. Il se défendit contre son assassin en prononçant un mot, mais quel mot! son nom, le grand nom du vainqueur des Cimbres, plébéien sept fois consul, et dix fois victorieux.

Capoue est une place de guerre fortifiée par Vauban. Une belle brigade suisse manœuvrait sur le glacis, quand le comte de Chambord quitta Capoue pour continuer sa route. Les officiers supérieurs entourèrent sa voiture et lui offrirent leurs hommages. Plusieurs d'entre eux avaient servi la France. — On n'arriva à Naples qu'à la nuit. Instruit de la présence de son neveu à Gaëte, à sept heures du matin, le roi l'attendait dans l'après-midi et avait réuni dans le champ de Mars la garnison de la ville pour lui faire honneur. Le comte de Chambord ne put donc juger ce jour-là l'instruction d'ensemble de l'armée napolitaine.

Le Prince descendit au palais Chiatamone, disposé pour le recevoir. Une compagnie de grenadiers était rangée en bataille devant la porte; elle portait l'uniforme de la garde royale française. Ce fut pour le comte de Chambord un doux spectacle, qui lui rappela les jours de son enfance.

A peine arrivé, le comte de Chambord eut le plaisir de recevoir son grand-oncle, le prince de Salerne. Ce prince était profondément attendri en retrouvant, sous les traits d'un jeune homme déjà mûri par l'exil et la réflexion, ce royal enfant qu'il avait laissé à Paris, dix ans auparavant, avec la perspective du premier trône du monde. Le comte de Syracuse, frère du roi, voulut aussi prévenir son neveu. Ce prince, naguère vice-roi de Sicile, habitait alors Naples avec sa femme, sœur du prince de Carignan, élevé par Charles-Albert à la dignité d'Altesse Royale.

Le comte de Chambord sortit de très bonne heure et visita la promenade de la Chiaïa; arrivé au bout, il aperçut loin de lui, à l'extrémité du jardin, un promeneur accompagné de deux jeunes enfants : « Ce sont des Français, dit-il joyeusement au comte Locmaria. — Comment, répondis-je, Monseigneur peut-il en juger de si loin ? — C'est de l'instinct, je reconnais un Français d'une lieue. » C'étaient, en effet, les deux enfants du vicomte de Bourbon-Busset et leur précepteur.

La première matinée fut consacrée à des visites royales. Le Prince se rendit d'abord chez le roi. Ferdinand II reçut son neveu avec de grands témoignages d'affection. La reine, fille de l'archiduc Charles, était gracieuse et bienveillante. Elle avait remplacé sur le trône la princesse de Sardaigne, Marie-Christine, morte bien jeune et regrettée de tous.

En sortant de l'appartement de Leurs Majestés, le comte de Chambord alla chez la reine douairière, sœur du roi Charles V, et mère de la reine Marie-Christine d'Espagne.

Il y avait encore au palais la princesse Amélie, sœur du roi, qui l'habitait avec son époux, l'infant don Sébastien de Bourbon.

Le prince de Salerne habitait un joli palais en face de celui du roi. La princesse était sœur de l'empereur d'Autriche. Ainsi la famille royale, presque tout entière, était réunie sur la place du Palais.

La place est décorée des statues de Charles III et de Ferdinand Ier.

Le comte de Chambord alla souvent dîner chez le roi. Les matinées qui précédaient ces réunions de famille étaient consacrées à visiter des établissements intérieurs; les autres jours étaient remplis par des courses lointaines. Le roi avait mis à la disposition de son neveu un service de voitures et de bateaux qui lui permirent de voir en peu de temps tout ce que Naples et ses environs offraient de curieux et d'instructif. La première excursion du Prince eut pour but Pouzzoles et le golfe de Baïa. Avant d'entrer dans la grotte du Pausilippe, le Prince mit pied à terre et gravit la colline pour visiter le tombeau de Virgile. Le monument du poète est situé au pied d'une petite éminence, en face du berceau du Tasse et du Vésuve. C'est à Naples que Virgile écrivit ses *Géorgiques*, et qu'il fut atteint de la maladie dont il mourut. Virgile a fait lui-même son épitaphe; il a résumé son histoire en deux vers qui furent mis sur son tombeau. Cet épitaphe est fort modeste :

MANTOUE M'A VU NAITRE ; LES CALABRES M'ONT VU MOURIR. JE SUIS MAINTENANT A PARTHENOPE. J'AI CHANTÉ LES BERGERS, LES CHAMPS ET LES HÉROS.

La grotte voisine, ouvrage des Grecs qui l'ont creusée dans le roc, est demeurée intacte au milieu des convulsions de ce sol volcanique.

La route de Pouzzoles est jolie. Sous les empereurs, cette ville s'étendait jusqu'à la Solfatare; elle était ornée de palais magnifiques, d'amphithéâtres, de maisons de campagne. On y retrouve encore des restes de cette magnificence. En sortant de Pouzzoles, on montre la place où Caligula jeta un pont de bateaux pour se procurer le plaisir d'imiter, à la tête de son armée, le passage de l'Hellespont par Xercès. Le roi des Perses, contrarié par la tempête, fit battre de verges la mer ; Caligula eut à se plaindre aussi du perfide élément; il fit précipiter dans la mer une partie de ses sujets conviés au spectacle. C'était plus original.

Au delà de Pouzoles, on montre les débris d'une villa qui appartint à Cicéron. Le lac Lucrin, ce noir Cocyte chanté par Virgile, a disparu. Tout près était le lac Averne, sur lequel le poète a raconté de terribles choses. Il prétendit que ses eaux sont mortelles, ce que l'expérience n'a jamais confirmé. A peu de distance est la caverne où coule le fleuve divin, le fleuve qui faisait neuf fois le tour des enfers, le Styx. Déchu comme les dieux, ce n'est plus aujourd'hui qu'un humble ruisseau.

Les ruines nombreuses de Baïa, placées à l'entrée du golfe, attestent l'ancienne splendeur de cette ville. Les puissants de Rome, Marius, Sylla, etc., habitèrent cette rive fortunée. Adrien y mourut dans les bras d'Antonin, en prononçant des vers légers sur la mort et l'âme.

Ce fut là que Néron conçut le projet de tuer sa mère Agrippine. La chaloupe qui portait l'impératrice s'entr'ouvrit tout à coup, et elle tomba à la mer ; mais elle ne perdit pas connaissance et nagea vers la rive. Elle se retira dans une maison de campagne, mais elle n'échappa pas à la mort que ce monstre lui avait préparée.

Mysène a vu mourir Tibère, étouffé, dit-on, par Caligula qu'il venait de choisir pour successeur. C'est à Mysène que stationnait la flotte romaine lorsqu'elle ne tenait pas la mer. Pline l'Ancien la commandait lorsque, l'an 79, sous le règne de Titus, une terrible éruption du Vésuve lui coûta la vie. Plus tard, Pline le Jeune manqua aussi d'y périr.

Sur la côte, ce qu'il y a de mieux conservé, c'est un monument appelé Mirabile, construit par Agrippa, et destiné à approvisionner d'eau potable la flotte impériale. Ce bel édifice, en partie souterrain, est long de deux cents pieds et haut de soixante.

Le comte de Chambord visita les établissements militaires de Naples en compagnie du général Filangieri ; ce général avait servi avec distinction dans l'armée française, et il avait été l'un des plus habiles lieutenants de Murat. Il se couvrit de gloire en 1815 au combat de Panaro, et fut laissé pour mort. Il devint ensuite gouverneur de Naples.

Le Prince, accompagné du général, alla voir les troupes dans leurs quartiers, ainsi que les châteaux forts qui défendent la ville, le port et la rade. Il visita la direction typographique, l'école militaire, l'école d'artillerie, la direction du génie, l'arsenal, la fonderie de canons et les établissements de la marine. Il constata un fait reconnu, c'est que l'armée napolitaine avait fait de grands progrès sous le règne de Ferdinand II.

Le 12 janvier, jour anniversaire de la naissance du roi, il y eut un spectacle de cour au théâtre Saint-Charles. La salle était resplendissante de lumière; toute la cour était en grande loge; les princesses étincelaient de diamants. Les princes et les officiers portaient de brillants uniformes. Au milieu de tout ce luxe, de tout cet éclat de toilette et de parure, un jeune homme en frac noir, et sans aucune décoration, occupait une simple loge aux premières; ce jeune homme était l'aîné de cette race auguste dont un rameau régnait sur les Deux-Siciles. Aussi tous les regards se portaient-ils sur la loge devenue royale.

Le comte de Chambord visita Portici, ainsi que les ruines d'Herculanum, sur laquelle Portici est bâtie. En rentrant à Naples, le Prince s'arrêta sur la place du Marché, lieu célèbre par les révoltes et les exécutions. Là périrent Frédéric de Hohenstaufen et Conradin. Là aussi triompha et succomba Mazaniello.

Il visita également le cratère du Vésuve. Il y avait un commencement d'éruption; une épaisse fumée enveloppait le sommet de la montagne; des flammèches échappées du volcan tourbillonnaient dans l'air. Après un assez long détour, on arriva à la bouche du gouffre. Il avait la forme d'un entonnoir, et le feu était alors très près du sommet de la montagne.

Il alla aussi visiter les ruines de Pompei, l'une des quatre villes qui disparurent sous la lave, et qui est aujourd'hui presque sortie des cendres, grâce aux fouilles qui ont été faites. L'une des quatre villes, Torre del Greco, fut trois fois détruite et trois fois rebâtie par ses habitants, plus constants dans leur témérité que le Vésuve dans ses éruptions.

Sur la demande de l'évêque de Nola, le comte de Chambord visita cette ville. Il trouva à Nola un régiment de lanciers dont les officiers lui furent présentés. La ville possédait un couvent de religieuses cloîtrées, dont le règlement était sévère. Les princes seuls de la Maison royale avaient le droit de franchir le seuil du couvent. La supérieure, instruite de l'arrivée du comte de Chambord, le fit prier par l'évêque de vouloir bien user du privilége de sa naissance pour visiter son couvent, où on lui avait préparé un repas pour lui et pour les siens. Le Prince y alla avec les officiers des lanciers, mais il se fit accompagner de l'évêque, pour rassurer les religieuses contre l'invasion inusitée de ce brillant état-major.

Le comte de Chambord ne voulut pas quitter Naples sans avoir visité l'île d'Ischia. On connaît le vers de Victor Hugo :

> Ischia de ses fleurs embaumant l'onde heureuse.

Il invita plusieurs de ses compatriotes à l'accompagner dans cette excursion et monta dans la chaloupe royale. On atteignit rapidement Ischia.

La population de l'île est d'environ 25,000 âmes; elle était beaucoup plus considérable avant l'éruption de 1302. La ville principale est située sur un rocher, au haut duquel est la citadelle. Elle compte 4,000 habitants. Sa situation est ravissante; comme l'est, d'ailleurs, celle de tous les villages et bourgs de cette terre riante et fertile. Ischia est le siége d'un évêché.

VII

Le soir même de son retour de Naples, le comte de Chambord alla chez Mme de La Ferronnays, qui avait réuni pour un concert toute la société de Rome. Le Prince, logeant à Naples chez son oncle, n'avait pu recevoir, comme il le faisait à Rome; il était donc heureux de profiter de l'occasion pour converser avec les hommes du pays. Il rencontra dans les salons de Mme de La Ferronnays des personnages distingués. La soirée fut belle; on entendit de magnifiques voix. La baronne de Lebzeltern, femme du ministre d'Autriche, l'une des plus grandes pianistes de l'Europe, voulut bien donner aux assistants l'occasion d'admirer son beau talent.

Le comte de Chambord parla de son voyage à Naples : « Je suis charmé d'avoir vu Naples, dit-il, mais je préférerais habiter Rome. A Naples, la vie est si bruyante, si extérieure, qu'à peine s'y donnet-on le temps de réfléchir. A Rome, on retrouve la vie morale et intellectuelle ; à Rome, on peut méditer sur le passé et s'occuper de l'avenir. A Naples, cette grande cité de 300,000 âmes, il faut se laisser absorber par le présent ou se condamner à une profonde retraite. »

En partant de Naples, le comte de Chambord s'était dirigé vers Bénévent. Il voulut visiter dans la petite ville d'Isola l'usine d'un Français, M. Lefèvre, qui lui avait envoyé une invitation. Le Prince parcourut l'usine et suivit pendant une heure les procédés de fabrication du papier par le moyen du cylindre et de la machine sans fin ; puis il fit une promenade dans les environs.

Le lendemain, il partit et s'arrêta à San-Germano, au pied du mont Cassin : là il reçut les adieux de M. de La Ferronnays qui retournait à Naples, où l'appelaient sa famille et les soins de sa santé. Tristes adieux, car la mort allait frapper bientôt cette noble existence.

Avant de passer la Melfa, on chemina le long des ruines d'Acquino, berceau de saint Thomas d'Aquin. A Melfa est la frontière des États pontificaux ; le Prince y trouva un officier et quelques cavaliers envoyés de Rome par le gouverneur, pour former son escorte. Le pays, entre la frontière et Frosinone, est arrosé de belles eaux et a de gras pâturages.

Nous avons déjà dit un peu plus haut que le comte de Chambord avait été reçu à Rome comme après une longue absence. Il y trouva, à son arrivée, le comte de Syracuse et la princesse, sa femme. La société de Rome se plut à réunir ces augustes princes et à charmer les derniers moments que le petit-fils de Charles X devait passer dans la capitale des États Romains. La veille de son départ, la princesse Doria réunit toutes les illustrations romaines et étrangères dans son beau palais du Corso. Ce fut une fête ravissante. Au moment où le Fils de France parut à l'entrée de la galerie, l'orchestre fit entendre un chant national : Vive Henri IV! Le Prince, au milieu de l'hospitalité splendide du palais Doria, reçut les adieux de cette noble famille et de tous les personnages présents.

Le lendemain, il prit congé des Français venus à son hôtel pour lui offrir leurs hommages. Plusieurs l'accompagnèrent à cheval à une certaine distance de la ville. Tous étaient pénétrés du regret de son départ, tous auraient voulu le suivre jusqu'à Florence, où l'attendaient d'autres compatriotes et d'autres témoignages de dévouement.

Ce fut à Florence que le comte de Locmaria, l'historiographe du voyage, quitta le comte de Chambord pour aller voir sa famille en France. Celui-ci, après avoir séjourné quelques jours dans la ville, partit pour Goritz, où il passa trois mois au sein de la famille royale.

VIII

Ce laps de temps écoulé, le comte de Chambord reprit ses voyages. Cette fois, c'était l'Allemagne, les États du nord de l'Autriche, la Bavière, la Saxe et la Prusse, qu'il allait visiter. Le comte de Locmaria était revenu de France et l'accompagnait.

Préwald, à dix lieues de Goritz, dans la direction de Laybach, est le premier bourg allemand de l'Illyrie. Au delà, on rencontre Adelsberg et ses grottes prodigieuses; plus loin, Ober, Laybach, sur la rivière qui porte son nom, et qui fait un commerce de transit considérable. Cette ville a 15,000 habitants, a un évêché, et est le siége d'un commandement militaire. Laybach fut le siége d'un congrès au commencement de 1821. Les empereurs de Russie et d'Autriche s'y rendirent pour achever, de concert avec le roi des Deux-Siciles, l'œuvre commencée à Tropau. La France voulait prévenir, par un moyen terme, l'intervention de l'Autriche. Telle était aussi la pensée de Ferdinand Ier, lorsqu'il quitta Naples pour se rendre à Laybach, sur l'invitation des souverains. Mais quelle conciliation était possible? Bientôt la dernière raison des rois renversa l'œuvre d'une insurrection, qui n'eut ainsi pour résultats que l'effusion de sang en Sicile, et un accroissement de la dette publique.

On passa la Drave à Marbourg, ancien comté, maintenant ville de cercle. Trois heures après, on entra dans le bassin de la Murh, rivière qui partage la Styrie en deux parties égales, dans un cours de cent lieues. Au delà de la Murh est le château de Brundsée, appartenant à la duchesse de Berry. S. A. Royale vint à la poste de Strars, au-devant du comte de Chambord, qui n'avait pas encore vu sa mère dans sa nouvelle habitation. Il y rencontra une société nombreuse attachée à la personne de Madame ou appelée de Gratz par le désir de le voir et de s'associer à la joie de la duchesse. Citons le comte de Vickembourg, gouverneur de la Styrie, et sa gracieuse femme, fille du comte d'Orsay, le prince et la princesse de Lucinge, la marquise de Pimodan, la comtesse de Quesnay, attachée à Madame, le comte de Monti, son écuyer, le comte de Faucigny, etc. Le château est au milieu d'un beau parc favorable aux promenades.

Après quatre jours passés au milieu des plaisirs d'une réunion de famille, la duchesse de Berry partit avec Henri de France pour Gratz, et l'y retint encore trois jours dans l'hôtel qu'elle y occupait alors; ce furent trois jours de réceptions et de fêtes. Les salons de l'hôtel meublés des mêmes meubles, ornés des mêmes tableaux que son salon des Tuileries, y reçurent toute la société de la ville. Le comte de Chambord y rencontra avec plaisir le prince Alexandre de Wurtemberg, cousin germain du roi, et alors général-major au service de l'Autriche. La comtesse de Vickembourg voulut, à son tour, fêter l'auguste voyageur. Madame avait donné un spectacle et une scène d'improvisation italienne; la comtesse donna un beau bal dans l'hôtel du gouvernement. Les jardins étaient illuminés, et la soirée fut féérique. Toutes les personnes considérables de Gratz et des environs se firent présenter au Prince.

Le matin, il montait à cheval pour visiter les établissements utiles se trouvant autour de cette ville qui est la plus considérable, après Prague, des Etats allemands de l'empereur.

La Styrie n'est connue que depuis la conquête des Romains ; elle faisait partie de la Norique et de la Pannonie. Les montagnards descendent des

Tauriques. Leur costume est original: un chapeau pointu, en feutre, entouré de rubans verts, entouré de plumes d'oiseau ; une veste ronde, ajustée à la taille par une ceinture de laine ou de soie, et à laquelle pend, sur le côté, un étui contenant un couteau et des ustensiles de table ; des culottes courtes, des guêtres d'étoffe, le fusil ou le luth à la main, tel est le paysan de la haute Styrie.

De Gratz, le comte de Chambord se rendit à Bruck, petite ville intéressante par ses usines d'acier. La limite de la Styrie, du côté de l'Autriche, est marquée par une colonne que l'empereur Charles VI a fait élever au sommet du Simering.

Au delà des montagnes et à douze lieues de Vienne, on rencontre sur la Leitha la jolie ville de Neustadt, peuplée de 11,000 habitants, et riche en établissements industriels et militaires. L'académie, instituée par Marie-Thérèse, occupe l'ancien château archiducal, dont une chapelle contient le tombeau de l'empereur Maximilien et la statue en marbre du duc Léopold, tué en 1396, à la bataille de Sempach, qui assura l'indépendance des cantons suisses.

Aux environs de Neustadt est le château de Froshdorf, qui a appartenu à la veuve de Murat, et qui aujourd'hui est la résidence du comte de Chambord et de la famille royale. C'est là que Henri de France s'est donné une compagne dont le cœur était aussi élevé que la naissance, car l'alliance était contractée entre deux enfants de Louis XIV.

Le comte de Chambord se rendit en Moravie

par Znaim. A son arrivée à Brünn, le Prince trouva le général d'Hautpoul, ancien directeur de l'Ecole d'état-major, qui avait été son gouverneur. Ce fut pour lui une grande satisfaction de revoir un officier aussi distingué et dont il avait apprécié les qualités, les talents et les sages conseils. Le général d'Hautpoul eut le principal rôle dans le succès de Lutzen. Il y commandait l'artillerie de la garde. Personne ne pouvait donner au Prince, mieux que le général, sur les champs de bataille de la Saxe, les leçons qu'il allait chercher.

Brünn possède de beaux édifices et de beaux jardins. C'est là que l'empereur François se retira après l'occupation de Vienne par l'avant-garde de l'armée française, en 1805. Il en partit pour Olmutz, le lendemain de l'arrivée du tsar Alexandre et de la nomination de Koutusoff au commandement de l'armée austro-russe. Deux jours après, Napoléon entrait à Brünn. Fiers des souvenirs de Souvaroff, les Russes n'avaient cédé le terrain qu'en frémissant. La retraite sur Olmutz les irrita contre Koutusoff, et pourtant il avait été sage en temporisant. Mais la victoire d'Austerlitz fut décisive. Découragé par ce grand revers, François demande une trêve; Alexandre accepta une convention pour rentrer en Russie. Le cabinet de Vienne obtint la paix, mais quelle paix! L'Autriche en fut humiliée, la Prusse déconcertée, l'Angleterre en frémit, et Pitt en mourut de chagrin.

Le comte de Chambord voulut visiter ce champ de bataille si glorieux pour la France. Deux officiers de cavalerie de la garde, MM. Duplessis-Bellière et de Carné, étaient venus la veille de

Vienne offrir leurs hommages au Prince. Il les invita à le suivre dans sa promenade d'étude.

Henri de France mit pied à terre sur la chaussée d'Olmutz, en face du Sauton. On monta sur la colline d'où l'on voit tout le terrain qu'occupaient, au commencement de l'action, la garde, la gendarmerie, la cavalerie et les corps de Lannes et de Bernadotte. On parcourut ensuite la partie du champ de bataille où les cuirassiers d'Hautpoul et de Nansouti, chargeant sur une seule ligne, renversèrent tout ce qui osa braver leur choc. Le général d'Hautpoul, qui commandait alors une section d'artillerie, se rappelait cette belle charge de son cousin. Le Prince s'arrêta en face de Sokolnitz, où le général Langeron éprouva un échec, puis on gravit le plateau de Prazen, en passant par le village qui fut le théâtre d'une action très chaude. Du haut du plateau on domine tout le champ de bataille. Les Russes le défendirent pendant deux heures, mais ils furent enfoncés par les divisions Vandamne et Saint-Hilaire. Cette dernière enleva le village sur les pas de son chef. Les généraux Kellermann, Compans, Saint-Hilaire, Sébastiani, Walther, Thibaut, Rapp, furent blessés. Le général Valubert fut tué : l'armée ennemie compta neuf généraux et 25,000 hommes hors de combat. On chercha vainement les étangs de Telnctz et de Satschan, où beaucoup de Russes se noyèrent. Ce sont maintenant des plaines fertiles.

Olmutz est une place de guerre. Cette ville a renfermé, durant trois ans, un prisonnier d'Etat célèbre dans notre histoire, le général Lafayette.

A Austerlitz, on retrouve les traces d'un grand

génie français. On rencontre à Olmutz celles du plus habile capitaine du siècle précédent. Le grand Frédéric, vainqueur de Molwitz, occupa cette forteresse en 1741, et ne l'abandonna alors que pour livrer à Charles de Lorraine la bataille de Czaschau, si honorablement disputée par les Autrichiens.

Le comte de Chambord traversa ensuite une belle partie de la Moravie. Il s'arrêta à Zwittau, où le prince de Lichtenstein a de vastes propriétés. Ce seigneur est à la fois le plus petit et le plus riche de tous les souverains de la confédération. Son Etat nain n'a d'équivalent que la république de Saint-Marin. Mais ses possessions privées sont cent fois plus étendues que sa souveraineté. Il pourrait entretenir à lui seul une armée. Il est vrai qu'il est dévoré par ces nuées de sauterelles qu'on appelle des administrateurs.

A Hohenmauth, le Prince quitta la route de Prague, pour se diriger vers le nord et visiter la forteresse de Kœniggrætz, l'une des plus considérables de la monarchie ! Le feld-maréchal lieutenant comte Fitz-Gerald et tous les fonctionnaires civils et militaires attendaient l'auguste voyageur ; ils lui furent présentés à son arrivée. Peu après, on alla voir l'arsenal, les fortifications et les troupes dans leurs quartiers. Le soir, le Prince se rendit chez Mme Fitz-Gerald, où il trouva la société réunie et la plus gracieuse réception. Il passa un jour à Kœniggrætz. Comme souvenir historique, cette ville a été prise deux fois par Frédéric II. Il vint y établir son camp en 1758, après sa retraite de Moravie.

Le comte de Chambord se dirigea ensuite sur

Prague par Podiebrad et Brandeis. Brandeis est une jolie ville située sur le bord de l'Elbe, près du confluent de l'Iser. Elle possède un château impérial fort modeste qu'a habité la duchesse de Berry. Le maréchal de Schwerin passa l'Elbe à Brandeis, au mois de mai 1757, à la tête de 35,000 hommes. Il allait rejoindre Frédéric II pour livrer, de concert avec lui, cette sanglante bataille de Prague qui devait être sa dernière victoire.

A son arrivée à Prague, le comte de Chambord reçut des autorités civiles et militaires, ainsi que le Prince Windischgraëtz, commandant général de la Bohême. Ce personnage, par ses formes distinguées, était le type du grand seigneur militaire. Le comte de Chambord était, d'ailleurs, à son aise à Prague; il y avait habité pendant trois ans. Il ressentait même un vif plaisir à rechercher les traces du passé, les lieux où il avait éprouvé une émotion, tout ce qui lui rappelait un souvenir. Sa première promenade dans Prague eut pour but le palais du Hradschin que le roi Charles X avait habité cinq ans auparavant. Le pont sur la Moldaw qui conduit de l'ancienne ville dans la petite île où le château est situé, est un beau monument antique. Ce pont, long de 450 mètres, repose sur seize grandes arches. Il date de 1558. Ses trottoirs sont ferrés. Il est décoré de plusieurs statues de saints, et orné d'une chapelle dédiée à saint Jean Nepomucène; cette chapelle est bâtie à l'endroit où le saint fut jeté dans la Moldaw par l'ordre de Wenceslas, jaloux de la reine, sa femme, dont Nepomucène avait refusé de lui révéler la confession. Le Hradschin est entouré d'un grand nombre de maisons et d'hôtels splendides. Sur la place sont le palais de Lichtenstein, celui du grand duc de Toscane et l'évêché.

Le prince alla visiter l'ancienne habitation de sa famille. Il commença la visite par l'appartement qu'il avait lui-même occupé. De ce point élevé, on aperçoit les quatre villes de Prague, ses palais nombreux, ses cent églises, ses couvents et ses remparts. Le comte de Chambord évoquait le souvenir de ses études : « Voyez, disait-il à sa suite, en entrant dans son ancien cabinet de travail, j'ai passé ici de rudes moments entre Cicéron, Tacite, Montaigne, Legendre, Cuvier et Cassini. Regardez cette table, comme elle est ciselée de coups de canifs et de figures bizarres que je traçais complaisamment tout en étudiant mes leçons. J'en serais vraiment honteux si je ne me rappelais que les graves députés hongrois ne traitaient guère mieux la table sur laquelle ils élaborent leurs lois. Pour moi, je n'avais que treize ans, et je ne prétendais en aucune manière aux honneurs de la législature. »

L'une des salles destinées aux délibérations du conseil de régence dans le Hradschin a été, en 1618, le théâtre d'un événement tragi-comique qui a donné naissance à la guerre de Trente-Ans. Du vivant de l'empereur Mathias, et peu de temps après qu'il eut couronné lui-même Ferdinand II, roi de Bohême, les protestants creusèrent les fondations d'un temple sur les terres de l'abbé de Braussau. Un édit impérial survint pour empêcher la continuation de ces travaux. Les religionnaires protestent, se réunissent à Prague et se présentent en force au conseil de régence. Les conseillers veulent justifier l'édit impérial, mais les révoltés s'emparent des conseillers Slavatka et Martiniz, du secrétaire Fabricius, et les précipitent d'une hauteur de 80 pieds par la fenêtre de la salle de régence dans les fossés du château. Depuis longtemps on y jetait les papiers inutiles aux archives, cela sauva leur vie. Etourdis, mais stimulés par le danger, ils se relèvent, courent vers le palais Lobkowitz et pénètrent jusque dans le salon où se trouvait alors la princesse. Un mot lui suffit pour apprécier le péril. Slavatka et Fabricius prendront les habits de ses valets, et se pénétreront de leurs fonctions ; restait Martinitz, le plus petit des trois et le plus considérable par son rang. Le temps pressait ; la princesse n'hésite pas ; elle portait une de ces robes monumentales dont l'aspect seul provoque le respect dû aux grand'mères, elle s'assied gravement sur son fauteuil de châtelaine, entr'ouvre sa robe et fait signe à Martinitz de s'y blottir. Les réformés arrivent conduits par Fabricius et Slavatka. La princesse les reçoit avec majesté, et répondant, sans s'émouvoir, à leurs questions : « Si vos ennemis sont chez moi, dit-elle, vous les y trouverez ; cherchez, mon palais vous est ouvert. » Ils cherchent, ne trouvent rien, et se retirent mécontents et confus.

Le même château a vus réunis en 1813 les souverains d'Autriche, de Russie et de Prusse, à la fin du congrès qui précéda la bataille de Dresde. Le but apparent de cette réunion de diplomates était d'en venir à la conclusion d'une paix qui, laissant à Napoléon un empire encore respectable, assurât cependant l'affranchissement de l'Allemagne, impatiente du joug français. L'Autriche, dans cette occasion, jouait le rôle de médiatrice armée à la tête de 80.000 hommes ; il était évident qu'elle ferait pencher la balance du côté où elle se porterait. Napoléon ne parut pas le comprendre ; il différa, sous un vain prétexte, l'envoi d'un plénipotentiaire, il injuria l'Autriche, il l'accusa de prostituer sa médiation, et ferma les yeux sur les dispositions hostiles de la nation allemande. Seul contre trois ou plutôt contre dix, car ses alliés douteux s'apprêtaient à le combattre, il sembla encore se croire à Tilsitt ou à Erfurt, et maître de donner la loi à l'Europe. On sait ce qu'il advint.

En 1744, la ville, avec 15,000 hommes de garnison, ne résista que trois jours à Frédéric II. Il était réservé aux Français de donner à cette capitale l'importance d'un camp retranché, par la longue et glorieuse défense qu'y fit notre armée en 1742. Deux mois de blocus et de privations, un mois de tranchée ouverte et de combats glorieux, une population hostile de 80,000 âmes contenue et ménagée. 60,000 Autrichiens et Hongrois, munis de gros canons, obligés de lever le siége devant 20,000 hommes, une ligne de blocus forcée, une retraite devant une armée supérieure, entreprise par un froid rigoureux, sans perdre un canon ou un drapeau : tel est le sommaire de cette défense qui honore deux maréchaux de France et leur armée. Frédéric II l'avait jugée impossible. « Si M. de Broglie se tire de là, avait-il dit, il méritera une ode de ma façon. » M. de Broglie s'en est tiré et M. de Belle-Ile aussi.

La ville de Prague contient plusieurs palais. L'un, le palais de Waldstein a un grand manége; c'est là que le comte de Chambord a reçu du fidèle comte O'Gerty ses leçons d'équitation. « Vous voyez ce manége, disait-il en souriant à ses souvenirs, eh bien! j'y ai reçu d'excellentes leçons de philosophie. Que de fois, les bras croisés derrière le dos, j'ai franchi les barres au galop, sur un petit malin cheval que j'aimais beaucoup en dépit de ses malices. Il manquait rarement de me jouer de ces tours qui m'obligeaient à me servir de mes jambes, non plus pour le conduire, mais pour le rattraper. Eh bien! je me remettais en selle, je sentais de nouveau la fortune de l'équilibre, et à force de défaites, j'ai fini par triompher. J'ai donc appris ici, à mes dépens, qu'avec la volonté et la persévérance on surmonte toutes les difficultés. »

L'Université et l'Hôtel de Ville sont deux monuments remarquables de la vieille ville. L'Université a été fondée par Charles IV en 1347. Jean Huss fut l'un de ses professeurs. Prague compte 120,000 habitants. Elle a une académie des sciences, trois gymnases et de nombreuses écoles. Elle est le grand entrepôt du commerce de la Bohême.

La veille de son départ, le comte de Chambord, répondant à l'invitation du commandant général, alla voir manœuvrer douze mille hommes des trois armes, réunis dans cette même plaine où le maréchal de Broglie établit jadis son camp de défense. Les troupes étaient bien tenues ; elles manœuvrèrent avec ensemble. L'artillerie mérita les éloges du général d'Hautpoul.

Le comte de Chambord fit ses adieux à la princesse de Windichgraëtz, chez qui il trouva le prince Camille de Rohan et sa charmante femme, née princesse de Lœvenstein ; et le lendemain, 16 septembre, il quitta Prague pour aller à Nuremberg en passant par Pilsen, ville fortifiée entre les rivières de Mies et de Rabudza, C'est à Pilsen que Waldstein prépara sa dernière révolte et la paya de sa vie.

Après avoir traversé, au-delà de Telnitz, la chaîne des monts Bohm-Wald, on entra dans le pays d'Amberg, centre des armées françaises en 1743 et 1796.

Le 18 septembre, on arriva à Nuremberg. Cette ville résume l'histoire du moyen âge. Elle offre encore aujourd'hui de nombreuses traces du passé. Comme Venise, elle remonte à Attila. Comme la ville des lagunes, elle s'est formée de familles en fuite devant le Fléau de Dieu Sur sa colline, inexpugnable alors, s'éleva le vieux château des empereurs. Déjà considérable au temps de Charlemagne, Nuremberg devint chrétienne sous l'influence de ce terrible missionnaire. Elle appartint à l'empire, aux ducs de Souabe et de Franconie, puis elle compta parmi les villes libres impériales. La famille royale de Prusse descend de Frédéric de Hohenzollern, l'un des burgraves de Nuremberg.

Cette ville, où les empereurs présidaient la première Diète, après leur couronnement, n'est aujourd'hui, malgré son importance, qu'un chef-lieu de district du cercle de Rezat, compris dans le royaume de Bavière. Sa population s'élevait à 80,000 âmes avant le traité de Munster; elle est réduite de moitié. Son commerce a beaucoup perdu par l'établissement des manufactures d'Anspach et de Bayreuth.

Le prince trouva en arrivant à Nuremberg une exposition centrale qu'il visita dans le plus strict incognito. Quelqu'un ayant prononcé son nom, il devint aussitôt de la part des marchands l'objet d'un empressement qui lui valut des explications et des renseignements utiles sur certains produits du pays.

Le comte de Chambord alla voir, après le palais impérial, la maison d'Albert Durer, puis il admira le beau portrait de ce grand artiste que conserve la famille Holzchuler. Albert Durer personnifie l'art allemand. Elève de Wolgahmuth, il surpassa son maître comme Raphaël a surpassé le Pérugin.

Dans l'enfance de l'art des siéges, Nuremberg avait pris place parmi les forteresses de l'Allemagne. Elle a conservé ses hautes murailles, ses vieilles tours, ses quatre grandes portes surmontées de leurs bizarres pyramides. Ses environs furent, au commencement du XVIIe siècle, le théâtre d'une terrible bataille entre Gustave-Adolphe et Waldstein.

En quittant Nuremberg, le Prince se dirigea sur Ratisbonne qui fut aussi le siége de l'empire, et le quartier de Charlemagne au début de la guerre des Huns et pendant ses campagnes de Saxe. La Diète y tint ses réunions depuis 1632 jusqu'en 1806, époque de la dissolution de l'empire germanique.

Cette ville, entourée de vieilles murailles, fut facilement forcée en 1809. Le colonel Coutard, laissé à sa garde par le général Davoust, la défendit à outrance avec son régiment. Sa défense fut un brillant fait d'armes.

Après avoir visité l'Hôtel de Ville, le comte de Chambord alla voir la collection de tableaux du prince Tour-et-Taxis, qui a compté le Tasse parmi les membres de sa famille.

Le but d'excursion le plus intéressant dans les environs de Ratisbonne est le temple que le roi de Bavière a fait élever, sous le nom de Walhalla, aux grands hommes de l'Allemagne. On y monte du côté du village de Haufen, par une jolie promenade tracée dans la colline qui forme l'assiette du temple. Il est bâti sur un rocher escarpé qui domine de trois cents pieds la rive droite du Danube, et s'élève sur trois terrasses superposées et qui communiquent ensemble par un large escalier de marbre blanc. Une belle frise se développe autour de l'enceinte intérieure du temple, et elle est ornée de sculptures représentant des faits de l'histoire ancienne de l'Allemagne jusqu'à saint Boniface qui sacra Pépin le Bref et prêcha l'Evangile aux Allemands. Par son style, le Walhalla rappelle le Parthenon. Cinquante-deux colonnes en forment les portiques. Les deux frontons encadrent des sujets historiques. Ces sujets rappellent, l'un, la libération de l'Allemagne, en 1813, par les armées coalisées sous les ordres du prince de Schwarzemberg ; l'autre, l'affranchissement de la Germanie par l'Arminius de Tacite, dont Klopstock fit Hermann, jeune et vaillant guerrier, immolé par les siens, au sein même de son triomphe, après avoir fait trembler Tibère et hésiter Germanicus.

Le comte de Chambord. avant d'aller à Munich, voulut voir Ingolstadt, lieu célèbre dans l'histoire militaire. Tout le terrain compris entre cette ville, Donavert, Landshut et Ratisbonne, fut illustré par les manœuvres de Guebriant et de Villars. Il le fut encore en 1809 par la bataille de Than et par celle d'Ekmuhl, qui firent tant d'honneur au maréchal Davoust. Ingolstad a été le berceau de la franc-maçonnerie.

Le Prince fit un long séjour à Munich. Cette ville est située sur la rive gauche de l'Isaar, rivière innavigable. L'empereur Louis en fit sa capitale, et elle doit beaucoup au roi Maximilien-Joseph. Le comte de Chambord s'y installa le 25 septembre. La famille royale était absente; le roi, la reine et les princesses passant la fin de la saison à Berchtergaden. château peu considérable, mais dans une situation pittoresque près de la frontière de l'ancien comté de Salzbourg. Le roi, du reste, avait chargé son grand-maître, le comte de Rechberg, de faire au petit-fils de Charles X les honneurs des musées et des établissements publics de sa capitale.

Le Prince visita d'abord le palais du roi. Cet édifice se compose de deux façades de la nouvelle résidence construite par le roi Louis, et de l'ancien château, ouvrage du duc Maximilien, le frère d'armes de Waldstein et de Tilly. Quatre cours sont renfermées dans l'enceinte du vieux château. L'une d'elles est ornée de la statue en airain de l'auteur de la Maison régnante de Bavière, Othon de Wittelsbach, le plus brave et le plus fidèle des vassaux de Frédéric Barberousse. La salle des antiquités est très-vaste. Elle comprend la collection égyptienne, des marbres, des bronzes grecs et romains. La galerie compte un grand nombre de tableaux italiens et flamands.

Le nouveau palais a quelque rapport, à l'extérieur, avec le palais Pitti de Florence: à l'intérieur, il rappelle avec plus d'élégance et de goût les anciennes décorations des maisons grecques et romaines. Le rez-de-chaussée doit ses tableaux à Jules Schnow, qui a emprunté ses sujets au poème des Niebelungen, dont l'auteur, au XIIIe siècle, a chanté les guerriers du Nord et les mœurs héroïques. Des tableaux inspirés par les œuvres d'Orphée, d'Hesiode, Homère, Pindare, Anacréon, Eschyle, Sophocle, Aristophane et Théocrite, sont répartis dans chaque pièce. Walter, Wolfram, Bürger, Klopstock, Wieland, Gœthe, Schiller, ont inspiré aux peintres les décorations de l'appartement de la reine. Enfin la nouvelle résidence du côté du jardin de la cour forme le troisième palais. Le rez-de-chaussée se compose de six salles, à l'usage des rois qui visiteront Munich. Au premier étage est la salle des fêtes, puis celle des beautés célèbres, enfin la salle des batailles et celle du trône. Il y a aussi une chapelle, qui est un chef-d'œuvre d'élégance et de luxe artistique.

Au delà du jardin de la cour est le jardin anglais, et à l'entrée de ce dernier, le palais du prince Charles, frère du roi. La Pinacothèque, fondée par le roi Louis, est en quelque sorte un temple à Raphaël. Ce bel édifice renferme une collection de 1,300 tableaux. Jean Holbein compte 18 tableaux dans le musée. La Glyptothèque est le musée des statues. Elle est fort peuplée.

Deux princes de la maison royale passèrent en ce moment à Munich : le prince Luitpold, troisième fils du roi, et le prince Charles, frère de Sa Majesté. Le comte de Chambord fut heureux de faire leur connaissance. Le prince Charles ne tarda pas à lui donner un témoignage de sa courtoisie chevaleresque. Le baron de Zandt, commandant les cuirassiers à Munich, sachant que le comte de Chambord désirait voir son régiment, vint prendre ses ordres. Henri de France se rendit le lendemain au quartier de cette troupe, et il trouva le prince Charles, en uniforme, prêt à lui faire les honneurs de ce beau corps dont il était le colonel.

Il y avait alors à Munich quelques Français établis ; tous se firent présenter ; plusieurs étaient attachés à l'état-major des princes. Le petit-fils de Charles X y retrouva avec plaisir le gendre d'un serviteur de son aïeul, le lieutenant-colonel de Parseval, et son excellente femme, fille du comte O'Hégerty. M. de Parseval, à la fois littérateur distingué et militaire fort capable, était alors lieutenant-colonel des cuirassiers du prince Charles. Depuis il commanda ce corps d'élite.

Le comte de Deux-Ponts, aide-de-camp général du roi, et sa sœur, la comtesse de Cetto, venaient souvent offrir leurs hommages au Prince. La comtesse recevait beaucoup. Mme de Cetto ayant prié le comte de Chambord d'honorer de sa présence l'une de ses soirées, le Prince y rencontra une partie des notabilités de la science et de l'armée. La famille du comte Tascher se trouvait à cette réunion. Les liens qui l'ont attachée à celle qui fut la compagne de Napoléon, lui faisaient peut-être supposer que le Fils des rois la verrait au moins avec indifférence ; elle devint, au contraire, l'objet de ses attentions toutes particulières. Le passé pour lui est de l'histoire; ce qui reste à ses yeux, c'est le mérite, c'est la valeur intellectuelle.

Sur ces entrefaites, le Prince reçut une invitation pressante de la reine douairière. Il partit aussitôt pour Tegernsée Le comte de Chambord y rencontra une grande partie de la famille royale, le roi et la reine de Saxe, le duc Maximilien de Bavière et la princesse, sa femme, fille de la reine; la princesse Auguste, veuve du prince Eugène ; le duc et la duchesse de Leuchtenberg ; la princesse Théodelinde, la plus jeune des filles d'Eugène, le prince de Hohenzollern-Hechingen, et la princesse Eugénie, née, comme sa sœur, sur les marches du trône éphémère de Milan.

Cette royale société et sa suite formaient une réunion des plus agréables. La danse, le spectacle, les promenades dans des sites charmants, remplirent les trois journées que le prince passa dans cette résidence. Il y fut accueilli de tous avec un profond intérêt. Le roi de Saxe, le prince de Hohenzollern le pressèrent de visiter leur pays. La reine douairière le combla de témoignages d'affection.

De retour à Munich, il continua à visiter les établissements publics et leurs curiosités. Le bibliothécaire lui mit sous les yeux les tablettes d'or de Charles le Chauve, un livre d'heures de Charlemagne, un missel de l'empereur Henri II et un Coran en lettres d'or sur parchemin, ainsi que les manuscrits des Niebelungen.

Le comte de Chambord visita en outre Augsbourg. Cette ville, quoique moins peuplée que Nuremberg, est la seconde ville du royaume. Le Prince, en arrivant, alla à la fonderie voir le forage des pièces d'artillerie. Le directeur, qui avait connu à Paris le général d'Hautpoul, fut charmé de recevoir sa visite et heureux de pouvoir faire au Fils de France les honneurs de son établissement.

Le Prince visita ensuite l'Hotel-de-Ville, le plus beau de l'Allemagne. Charles-Quint y signa, en 1555, la paix de Religion, qui assurait la liberté de conscience aux protestants. Augsbourg a aussi donné son nom à la ligue formée en 1688 contre Louis XIV par le prince d'Orange, plus ambitieux mais plus prudent que le Grand Roi. La cathédrale a quatorze chapelles. Près d'elle est le palais épiscopal, où l'on montre la salle dans laquelle Charles-Quint reçut, en 1530, des mains de Luther et de Mélancthon, la fameuse Confession d'Augsbourg. Le comte de Chambord passa une demi-journée à Augsbourg dans le plus strict incognito. Cependant, comme il visitait la cathédrale, il fut abordé par une jeune dame française qui l'y attendait. C'était Mademoiselle Cuttinger, fille d'un chirurgien-major de notre armée de Russie. L'accueil que lui fit le Prince la rendit bien heureuse : « Il me semble, disait-elle, que j'ai reçu ici la récompense des services de mon père. »

Grâce à l'obligeante activité du comte de Rechberg, le comte de Chambord avait vu tout ce que Munich pouvait lui offrir d'instructif et de curieux; il avait reçu un grand nombre d'hommes distingués de la diplomatie et de l'armée, MM. de Colleredo, de Pallaviccini, d'Andlaw, de Kœnnerich, de Pappenheim, et le futur lord-chancelier d'Angleterre, lord Lyndhurst.

IX

Le moment était venu de quitter Munich. Cependant des bruits de guerre dont l'Allemagne paraissait peu s'inquiéter, mais qui mettaient alors la France en mouvement, changèrent la détermination du Prince. « Je ne crois pas à la guerre, dit-il. Le gouvernement a fait une pointe en Orient sans consulter ses forces, il recule et masque sa retraite par le grand bruit que produiront en France les fortifications de Paris, en même temps qu'elles feront une large brèche aux finances. Mais le gouvernement ne fera pas la guerre; son isolement ne le lui permet pas. Cependant il suffit qu'on la croie possible en France pour que je m'abstienne de toute relation avec les puissances qui ont signé le traité du 15 juillet. Je rentrerai donc dans ma solitude et j'y resterai jusqu'à ce que ces nuages factices soient complétement dissipés. »

En renonçant à son grand voyage, le Prince voulait au moins aller en Suisse, pour reconduire le plus loin possible le général d'Hautpoul, dont il se séparait avec un vif regret. Le départ fut fixé au 7 octobre. Le roi rentrait le 6 à Munich. Le comte de Chambord ne voulut pas quitter cette ville sans avoir vu Leurs Majestés. Il recula son départ d'une journée, pour répondre à l'invitation que le roi lui avait adressée de dîner en famille. Le Prince trouva, dans le repas, l'occasion de parler au roi des nombreux travaux qui honorent son règne. Cette bien courte entrevue sembla raviver les sentiments qui. pendant deux siècles, avaient rapproché les deux familles souveraines de France et de Bavière. A peine de retour à son hôtel, le Prince reçut la visite du roi. Ce souverain voulait encore une fois lui témoigner le plaisir qu'il avait éprouvé à faire sa connaissance. Dans la soirée, le Prince partit pour Lindau.

En quittant Munich, le comte de Chambord parcourut un pays illustré par les campagnes de Jourdan, de Moreau et de l'archiduc Charles. Lindau, autrefois ville libre impériale, forme aujourd'hui la limite du royaume de Bavière. Comme toutes les cités riveraines du lac de Constance elle a un intérêt de position. On ne mit que quatre heures pour arriver de Lindau à Constance. Cette ville, peu commerçante, peu peuplée, tire toute son importance de ses souvenirs et de sa situation pittoresque entre les deux lacs unis entre eux par le Rhin.

Le panorama qu'on a des hauteurs qui dominent la ville est superbe. Au-dessus du bâtiment de la douane est une vaste salle décorée d'inscriptions, et dans laquelle on montre la statue en cire de Jean Huss, qui fut condamné et exécuté à Constance comme hérétique.

En allant à Schaffouse, on aperçoit le petit château d'Arenenberg, résidence du prince Louis-Napoléon. Les événements ont conduit le neveu de l'empereur dans la forteresse de Ham.

A Schaffouse, on vit la chute du Rhin. Il y a des cascades admirables. Le Rhin, roulant sur lui-même, arrive devant le château de Lindau avec une effrayante rapidité, et là il se partage en cinq larges torrents et se précipite de soixante pieds sur des roches brisées, bouleversées, percées à jour par l'action des eaux. L'onde écumante tombe en grondant dans l'abîme, bouillonne, bondit sur les roches et se divise en myriades de molécules; c'est un bruit imposant pareil à celui d'une mer en courroux.

A Schaffouse, M. d'Hautpoul fit ses adieux au Prince. Le comte de Chambord revint à Constance, et il retourna par le lac à Lindau, où on avait laissé les équipages. Puis l'on se dirigea vers le Voralberg. On s'arrêta quelques instants à Bregenz pour jouir de la beauté de la vue; puis on se dirigea vers Feldkirch. La route est très belle dans cette partie des montagnes; elle est percée dans le roc au delà de Feldkirch. Le comte de Chambord descendit pour examiner le théâtre d'un combat livré en 1799 entre Otze et Massena. On franchit l'Arlberg avant d'entrer dans la vallée sauvage de Rosanna. De l'Arlberg à Landeck, la contrée est sévère, attristée par d'affreuses solitudes; à Landeck, on entre dans la vallée de l'Inn. Tout change: des fleurs et du pittorseque à revendre. Dans le lointain on aperçoit Inspruck, bâti au pied du Stolsberg, avec ses toits en zinc, en cuivre, en bronze et ses clochers dentelés.

La route d'Inspruck à Brixen monte continuellement jusqu'à Schœnberg, où l'on dit adieu à la vallée de l'Inn; puis on suivit le vallon de la Selle, dont on trouva la source au sommet du

Brenner. En quittant les crêtes sauvages de ce géant du Tyrol, on descendit rapidement dans la vallée non moins sauvage de Laybach. Le Prince passa une matinée à Brixen, puis il remonta la vallée pour retrouver la route de l'Illyrie par le pic de Cadore. La route que rejoint par Ceneda celle de Venise à Trieste est neuve et parfaitement tracée, mais, jusqu'au pied des Alpes, elle est peu habitée. Quelques lacs solitaires, quelques torrents échappés des glaciers, des forêts de sapins et de mélèzes, c'est tout. Cette route conduit à Conegliano. Le lendemain, le comte de Chambord arrivait à Goritz, d'où il se rendit à Venise, pour donner suite à un projet conçu depuis un an.

Le Prince, au commencement de 1841, avait, en effet, projeté un voyage sur l'Adriatique, voulant compléter ses études militaires par un cours de théorie navale. Il invita le capitaine de vaisseau Villaret de Joyeuse à se rendre auprès de lui. Ce digne officier se rendit avec empressement à cette invitation. Il possédait toutes les connaissances administratives et militaires que Henri de France était impatient d'acquérir.

La goëlette qui lui était destinée fut prête à appareiller le 27 février. Le petit voyage du Prince à Venise dura trois semaines, qui lui permirent de visiter les côtes de l'Adriatique ; puis, de retour à Goritz, il se sépara de M. de Villaret, qui emporta de vifs témoignages de son affection. Le Prince lui devait, sinon des connaissances pratiques qu'une longue expériencee peut seule donner, au moins des renseignements assez précis pour connaître les abus et apprécier le remède.

Le comte de Bouillé arriva peu de jours après à Goritz. Son expérience des affaires coloniales devait être fort utile au Prince. M. de Bouillé, comme le général d'Hautpoul, avait eu l'honneur d'être gouverneur du comte de Chambord, et lui avait laissé les plus heureux souvenirs de son dévouement et de son caractère. Le Prince se félicita de pouvoir le conserver pendant plusieurs mois.

Au printemps de 1842, le Prince partit pour Salzbourg, en passant par Willach, Rastadt, Werfen, où il trouva la Salza, sur les rives de laquelle Moreau compléta sa belle victoire de Hohenlinden. Le pays parcouru était quelque peu inculte, mais c'était pittoresque, et l'on entra dans la magnifique vallée de Salzbourg. Le Prince s'arrêta pour visiter les ouvrages que l'Autriche a élevés dans le vallon resserré qui borde la frontière du district bavarois de Berchtesgaden.

On aperçoit d'assez loin la ville et son enveloppe de montagne. Au milieu de la vallée, sur les deux rives de la Salza, et au pied du Mœnchsberg, s'élèvent Salzbourg et son vieux château où naquit, en 742, pendant la guerre de Bavière, Charlemagne, le premier-né de Pépin, au moment où la dynastie vivace des Maires du palais allait absorber la dynastie caduque des rois de France.

Le lendemain, le Prince alla visiter, avec le général-major Adeltein, le manége et le dépôt de cavalerie, bâtis aux dépens du Mœnschsberg dans le voisinage de la Porte-Neuve. Cette porte est un tunnel de 420 pieds de long. On se dirigea ensuite vers Ischel, ville d'eaux entre la rivière d'Ischel et la Traun. Le comte de Chambord sortit le matin pour visiter le lac d'Halstadt. Revenu à Ischel, il partit pour Gmünden en traversant sur un bateau à vapeur le lac de Traun. Au delà de Gmünden, on descendit de voiture pour voir la chute de la Traun. On lâcha les écluses, et on put jouir d'un spectacle curieux. La rivière s'échappe par plusieurs issues et, se glissant entre les pierres, tombe d'une grande hauteur en nombreuses cascatelles sur un lit parsemé de rochers.

On alla ensuite à Lintz, jolie ville, commerçante et bien habitée. Lintz est le siége d'un gouvernement, d'un commandement général et d'un évêché. De là on se rendit à Kirchberg, en passant par Budweis. L'intention du comte de Chambord était de passer l'été à Kirchberg au sein de sa famille et de reprendre au mois de septembre ses voyages. Il retrouva à Kirchberg toutes ses habitudes de travail, tous ses exercices favorisés par la belle saison. Il y trouva aussi une société heureuse de profiter de sa présence. Indépendamment des Français venus de Paris, l'habitation royale réunissait alors plusieurs jeunes gens distingués par une éducation parfaite, entre autres MM. de Blacas et de Foresta. Deux hommes attachés par les liens les plus étroits à l'une de nos illustrations militaires, le comte de Bellune et le vicomte d'Onsembray, l'un fils, l'autre gendre de l'illustre maréchal dont on déplorait la mort récente, vinrent mettre aux pieds du Prince leur deuil et les insignes de leur père. Henri V vénérait la mémoire du duc de Bellune. Il fut heureux de le dire à ses fils et de retrouver en eux les dignes héritiers de sa glorieuse fidélité.

Peu de temps auparavant, un ancien ministre de Charles X, le baron Hyde de Neuville, avait apporté au Fils des rois le tribut de son expérience et de son long dévouement.

La Saint-Henri approchait. C'était une époque de réunion et de fêtes. Mais, le 28 juillet 1841, il arriva une cruelle épreuve au comte de Chambord. Il avait commandé à la verrerie de Schrems des cristaux destinés à sa sœur. Voulant s'assurer lui-même si toutes ses commandes étaient exécutées, il partit pour Schrems avec MM. de Blacas et de Foresta. C'était le temps de la moisson. Une charrette se présenta tout à coup à l'autre extrémité de la route ; à l'apparition des cavaliers, les bœufs s'effraient, font volte-face et agitent dans ce mouvement la toile blanche de la charrette. Bientôt le conducteur s'en rend maître, leur couvre les yeux et laisse un passage suffisant. Cependant les chevaux, à leur tour, s'inquiètent, et celui du Prince plus que les autres. Les côtés du chemin, garnis de barrières, ne permettent pas de le quitter. Le comte de Chambord ne songe pas à rétrograder. Il pousse son cheval qui résiste et s'effraie. Le Prince attaque de nouveau l'indocile coursier, qui, se cabrant de toute sa hauteur, se renverse avec une rapidité plus prompte que la pensée. Le Prince essaie de se dégager de son cheval, mais, se sentant la jambe prise, il applique un vigoureux coup de poing sur la tête de l'animal, qui se relève par un violent effort et blesse grièvement son cavalier par la pression de la selle sur le col du fémur.

Il fallait à l'auguste blessé de prompts secours. M. de Foresta alla au château chercher le docteur

Bougon : « Surtout, lui dit alors le Prince, qu'on ne lise pas sur votre visage la gravité de mon accident : vous inquièterez ma tante et ma sœur. Soyez prudent et de sangfroid comme je le suis moi-même. »

On emporta le Prince dans un lit placé sur une calèche, et on le ramena vers Kirchberg Après une demi-heure de marche, on rencontra le docteur Bougon. Il examina la blessure et en reconnut la gravité. Tout à coup le duc de Levis arrive au galop de son cheval. « Mon ami, lui dit le Prince, vous voyez dans quel triste état je reviens. Quel dommage que cet accident ne me soit pas arrivé sur un champ de bataille, en servant la France ! »

Quand le comte de Chambord fut établi dans sa chambre, le docteur replaça le membre fracturé, et prit toutes les précautions nécessaires pour empêcher l'inflammation. A minuit le comte de Chambord resta seul avec le duc de Levis et M. Bougon.

M. de Blacas partit pour aller chercher le meilleur chirurgien de Vienne Il en ramena le docteur Watman. Cet habile praticien, d'accord avec M. Bougon, fit établir un appareil au moyen duquel le membre fracturé était soumis à une traction continue. Si ce moyen, disait M. Watman, devait assurer une guérison complète, il était pénible et douloureux. Le Prince s'y soumit avec fermeté et l'endura cinq semaines, avec une courageuse patience.

Tout le monde s'empressait autour de lui. Le jour qui suivit sa blessure, il revit son oncle, sa tante, sa sœur ; leur vive tendresse s'épanchait comme un baume salutaire sur ses maux. Madame la duchesse de Berry, qui avait passé quelque temps à Kirchberg, à l'époque de la fête de son fils, y revint précipitamment à la nouvelle du terrible accident. Bientôt la princesse repartit rassurée et tranquille. De toutes parts arrivèrent des témoignages d'intérêt ; presque tous les princes écrivaient au malade. L'empereur de Russie lui écrivit deux lettres. En France, cet événement produisit une vive impression ; tous les partis s'en émurent, de toutes parts on écrivait ; on sollicitait l'honneur de soigner le Prince. Mademoiselle passait chaque jour deux heures près de son frère ; elle le charmait par la gaieté de son esprit ; elle faisait de la musique, elle dessinait auprès de lui ; elle lui offrait des aquarelles L'archiduchesse Sophie lui fit remettre son album, collection de dessins précieux. Il en vint aussi de France.

Le 29 septembre, Henri de France reçut les Français et les étrangers qui se trouvaient à Kirchberg. Le voyage à Goritz fut retardé de cinq semaines. Le comte de Marnes déclara qu'il ne partirait qu'après avoir vu son neveu en état d'être transporté à Vienne. Le Prince s'y rendit à petites journées et avec de grandes précautions; il descendit au palais Kinski et habita l'appartement que S. A. R. le duc de Lucques avait mis à sa disposition.

Le surlendemain de l'arrivée du comte de Chambord, l'empereur vint le soir, et lui exprima ses vœux pour son prompt rétablissement. Les jeunes princes, les archiducs François, Charles, Ferdinand, Maximilien, lui témoignèrent le plus tendre intérêt. Les impératrices, les archiduchesses envoyèrent prendre des nouvelles; plusieurs vinrent elles-mêmes.

L'un des deux docteurs qui le soignaient crut s'apercevoir que le voyage l'avait fatigué, et jugea nécessaire de le soumettre de nouveau à un appareil de traction, mais plus doux et de moins longue durée que celui de Kirchberg. L'autre jugeait le repos nécessaire, mais trouvait la traction inutile. Le comte de Chambord était peu disposé à reprendre ses liens, mais il voulait guérir radicalement. « Messieurs, dit-il en souriant, il faut mettre un terme à cette discussion. Henri IV, avant de renoncer au protestantisme, entendit discuter devant lui un orateur de chaque religion; l'un disait que le salut n'était possible que dans la vérité catholique; l'autre reconnaissait qu'on pouvait se sauver dans les deux religions. S'il en est ainsi, dit alors Henri IV, puisque l'un de vous reconnaît qu'il y a du danger à rester protestant, et que l'autre avoue qu'il n'y en a aucun à se faire catholique, je me décide pour le parti qui me semble le plus sûr. Messieurs, le sujet qui vous divise est beaucoup moins grave sans doute, mais il ne laisse pas de m'intéresser, il s'agit de ma liberté. Eh bien! je vous mettrai d'accord en répondant comme Henri IV aux deux docteurs dissidents : l'un de vous juge nécessaire de me soumettre à une nouvelle gêne; l'autre pense qu'on peut s'en dispenser, mais il reconnaît cependant que cette gêne n'a aucun inconvénient. Gênons-nous donc encore une fois, mais guérissons. »

La décision du Prince décida la question. Cette nouvelle phase de sa maladie dura trois semaines. Mais il put recevoir et reprendre tous ses travaux.

Les archiducs et le prince de Salerne vinrent causer avec lui. L'empereur s'informait constamment de ses nouvelles; les archiducs venaient, chaque semaine, passer leurs moments de loisir auprès du lit ou du fauteuil de leur royal cousin. Le prince de Metternich vint plusieurs fois et lut au Prince des fragments de ses lettres; c'était fort intéressant pour le comte de Chambord qui, depuis deux ans, se livrait à l'étude de l'histoire et de la diplomatie. Au bout de quelque temps, il fut presque complétement guéri de sa blessure. Il alla cependant aux bains de Tœplitz pour guérir un reste de faiblesse et de roideur qui existait dans le membre fracturé. Puis il reprit ses voyages et séjourna à Prague, Culm, Dresde et Leipzig, et il partit enfin pour Venise.

X

Tœplitz est une ville charmante par sa position, ses promenades et son délicieux entourage de montagnes et de vallons. Le Prince trouva à son arrivée le comte Talon. Cet officier général, qui avait servi avec distinction dans l'armée et dans la garde impériale, commandait sous la Restauration une brigade de cavalerie de la garde. Henri de France le logea chez lui, heureux de saisir cette occasion pour lui exprimer son estime.

Le 18 au soir, on apprit la fin terrible du duc

de Chartres. En recevant cette nouvelle, le comte de Chambord fut d'abord frappé de son importance, mais bientôt une impression pénible attrista son visage : « Quelle que soit, dit-il, la portée politique de cet événement, c'est un grand malheur privé que je déplore profondément, car le duc de Chartres est mort sans avoir eu le temps de se reconnaître. Que l'on demande au curé de Tœplitz une messe pour Ferdinand d'Orléans : je m'y rendrai avec tous les Français qui sont ici. »

Le comte de Chambord se promenait tous les jours à cheval et à pied. En le voyant traverser leurs places au galop, les habitants se plaisaient à attribuer son rétablissement à l'efficacité de leurs eaux minérales.

Les arquebusiers vinrent en députation lui demander de prendre part à leurs exercices de tir et de leur permettre d'inscrire son nom en tête de leur compagnie. Il y consentit, et il y eut une petite fête militaire qui lui fut offerte.

Le château de Tœplitz était, à ce moment-là, habité par la princesse douairière Clary, si attachée à la famille royale. Le prince, son fils, et la jeune princesse avaient ouvert leurs salons. Le comte de Chambord était de toutes les soirées.

Vers le milieu du mois d'août, la comtesse de Marnes arriva à Tœplitz pour prendre les eaux. Ce fut une grande satisfaction pour le Prince, qui passait avec sa tante une partie de la journée. La société française se composait de : la duchesse de Blacas, MM. de Maccarthy, de Rochemore, Théodore Anne, marquis de Nicolaï, vicomte Couny. Ces messieurs accompagnaient souvent la princesse royale et son neveu dans leurs promenades du soir.

Le comte de Chambord avait été invité par le roi de Saxe à venir à Dresde. Dresde n'est éloigné de Tœplitz que de vingt lieues. Le Prince préféra attendre, pour se rendre à l'invitation, que la saison fût terminée et que la famille royale, qui était alors en villégiature, fût réunie dans la capitale de la Saxe. En attendant, il retourna à Prague, avec l'intention de visiter dans sa terre de Sikrow le prince Victor de Rohan. Le château de Sikrow est fort beau. Le prince et la princesse Camille y habitaient avec leur oncle. Le comte de Chambord passa là plusieurs jours au milieu de la plus gracieuse hospitalité. Il pouvait se croire en France, dans l'habitation d'une famille si éminemment française par ses sentiments et la gloire de son nom. On fit une grande partie de chasse.

De retour à Prague, le Prince eut la satisfaction d'y retrouver le général de Foissac-Latour, qui l'avait accompagné dans la première partie de ses voyages. Ils reprirent leurs bonnes conversations d'autrefois, si utiles et si instructives.

Au commencement de décembre, le comte de Chambord partit pour la Saxe. A Pirna, il rencontra les relais du roi de Saxe, qui était venu au-devant de lui. Les logements du Prince étaient préparés au palais royal.

La réception du roi de Saxe et de la reine fut très-cordiale, et le comte de Chambord se sentit comme dans une famille aimée; il dînait presque tous les jours avec le roi, puis il consacrait le reste de la journée à des excursions intéressantes. C'est ainsi qu'il visita le champ de bataille de Dresde où Napoléon, avec 96,000 hommes seulement. battit l'armée autrichienne, forte de 160,000 hommes. Ce fut le corps commandé par le duc de Bellune et la cavalerie de Latour-Maubourg qui fixèrent le sort de la journée.

Le comte de Chambord passa huit jours à Dresde, puis il fit ses adieux à la famille royale et se rendit à Leipzick, accompagné du général de Foissac. Ils visitèrent ensemble le champ de bataille où l'étoile de Napoléon pâlit en 1813. C'était l'indice du prochain renversement de cet empire colossal fondé par les armes et que les armes allaient détruire. L'insuccès des batailles qui suivirent la victoire de Dresde et la concentration des forces alliées faisaient pressentir le dénouement fatal. Au lieu de chercher une transaction qui eût peut-être sauvé son trône, Napoléon réunit toutes les forces dont il disposait, et il livra cette sanglante bataille de Leipzick qui fut un désastre. Le 16 octobre il fut vainqueur, ou plutôt il acheta chèrement le champ de bataille. Pendant la nuit, il consulta le maréchal Marmont, qui lui conseilla d'en rester là. Il ne voulut pas accepter ce conseil et il livra une nouvelle bataille sous les murs de Leipzick. Il fut battu. On sait que le général Poniatowski se jeta dans l'Elster et voulut traverser le fleuve sur son cheval; mais il reçut une balle qui le démonta, et il se noya.

Après avoir passé plusieurs jours à Leipzick, le comte de Chambord se mit en route pour Venise.

DEUXIÈME PARTIE

LE COMTE DE CHAMBORD

JUGÉ PAR SA CORRESPONDANCE

I

Nous avons vu le comte de Chambord voyager en Autriche, en Hongrie, en Allemagne et en Italie, accueilli partout avec affection et enthousiasme, et empressé à s'instruire, assistant aux manœuvres des armées, visitant les casernes et les fortifications, ainsi que les établissements industriels, les écoles, les universités, les bibliothèques, étudiant les monuments remarquables et les musées, s'occupant à la fois d'art et de connaissances utiles, et au milieu des réceptions, des fêtes, des bals, n'ayant qu'une pensée, qu'un regret, la France. Nous allons aujourd'hui, pour bien faire connaître cette haute personnalité, pour montrer quels trésors de raison, de prévoyance, recèle le cœur du comte de Chambord, quel amour vrai de la liberté le possède, quel respect il a pour le droit moderne, et quel souverain pacifique et bienfaisant, dévoué à son peuple et plus soucieux d'améliorer le sort des petits que de rehausser les splendeurs de la cour, serait ce Prince auguste si, à la suite d'événements, peut-être prochains, il remontait sur le trône de ses pères.

D'ailleurs, quelque peu d'estime que beaucoup de personnes affectent pour le dogme antique de l'hérédité du pouvoir, toute habitude de compter avec le comte de Chambord n'est pas perdue en France. Après le 24 Mai, il eût été proclamé roi de France, s'il eût accepté le drapeau tricolore, concession qu'il reconnut comme incompatible avec son honneur. Que n'a-t-il fait comme l'un de ses ancêtres, le bon Henri IV, qui disait : « Paris vaut bien une messe ». Il serait aujourd'hui sur le trône. De semblables éventualités peuvent reparaître. On a beau faire, la royauté est une tradition française. Au lendemain des révolutions, on a vu la France implorer des hérédités d'aventure, comme le premier Empire, le régime de Juillet, Napoléon III. Notre pays ne se trouverait-il pas mieux de l'hérédité de droit, s'il vient à être démontré que la République est impossible?

Pour que la France revienne à la royauté, il n'y aurait qu'à lui prouver qu'elle est trompée. Le meilleur moyen de la ramener au Fils de France est de lui faire connaître la magnanimité de ce Prince, de raconter sa vie pleine de bienfaits, de divulguer ses idées et ses principes, de montrer son profond patriotisme et son désir immense d'effacer les dernières traces de nos guerres civiles et de rendre la France heureuse.

Or, si le comte de Chambord a peu agi, par une réserve dont on doit lui tenir compte, il a beaucoup écrit, non des livres qui font si rarement connaître l'auteur, mais des lettres, de ces feuilles volantes et vraies comme la parole et qui restent. Or, ces lettres ont été publiées en France dans nos journaux ou bien dans ceux de l'étranger; un grand nombre ont circulé, à l'état de copies manuscrites, dans les cercles politiques. Il est donc intéressant de les mettre sous les yeux du lecteur, s'il veut être édifié sur les sentiments intimes du petit-fils de Charles X.

Ces documents que nous avons sous les yeux vont de 1841 à 1859 Dix-huit ans, c'est plus que les *quindecim anni* qui sont, d'après Tacite, un grand intervalle de la vie mortelle. Pour qui date de 1820 , c'est la vie elle-même , c'est l'homme, c'est le Prince tout entier. Depuis sa première lettre annonçant l'envoi d'une épée au vaillant officier de marine, Villaret-Joyeuse, qui, après avoir quitté, en 1830, le vaisseau amiral qu'il commandait à la prise d'Alger, venait de reprendre la mer pour apprendre à son jeune roi proscrit le rude métier de Jean-Bart, jusqu'à cette lettre plus nouvelle qui félicite Berryer de la part qu'il a prise à la défense de M. le comte de Montalembert, que d'événements imprévus, que de variations d'hommes et de choses! Dans toutes ses lettres, on trouve un Prince qui n'a qu'une parole et qu'une politique, qui se tient au courant de toutes les affaires, qui vit l'œil fixé sur la France, non pour s'imposer à elle, mais pour lui prouver qu'il l'aime et qu'il la veut servir.

La manière dont ce descendant des rois comprend son droit et les conséquences qu'il en a tirées pour fonder ses doctrines et régler sa conduite, forment la partie la plus originale et la plus curieuse de ce recueil de lettres. L'idée commune en France est de voir dans la restauration du droit monarchique une sorte de mainmise sur elle par une famille, une délégation de droit divin en dehors de tout consentement exprimé ou tacite de sa volonté. C'est ce préjugé que le royal écrivain détruit, non seulement par les plus vives déclarations, mais par les affirmations théoriques les plus formelles. L'idée d'un maître, d'un prétendant, ne peut venir à personne, en lisant ces pages. On se sent en présence d'un ami, d'un compatriote plus identifié que pas un de nous avec la grandeur de la France et plus touché de ses malheurs.

Pas une de ces lettres ne dénonce l'irritation du possesseur privé de son bien : « Je regarde les droits que je tiens de ma naissance, écrit-il à vingt-quatre ans, comme appartenant à la France ; et bien loin qu'ils puissent devenir, dans un intérêt personnel, une occasion de troubles et de malheurs pour elle, je ne veux jamais remettre le pied en France que lorsque ma présence sera utile à son bonheur et à sa gloire. » Cette belle déclaration est contenue dans une lettre écrite à M. Hyde de Neuville, le 4 février 1844. Dans une autre lettre, écrite à Berryer, le 15 janvier 1849, il lui dit : « Ces droits, je ne les ferai jamais valoir que dans l'intérêt de ma patrie et pour la sauver des déchirements dont elle est menacée. » L'intérêt de la France, qui est la vraie raison d'être de son droit, est aussi la règle unique de sa conduite. Telle est la grandeur de cette abnégation à la fois royale et chrétienne, que, loin de tenir le pays pour obligé envers lui, comme héritier dépossédé du trône, il se tient pour obligé envers le pays, comme lui gardant en exil le principe sacré de la monarchie. Il ne dit pas : « *ceci est à moi, rendez-le-moi* » ; mais, parlant de son droit comme de la plus inviolable propriété nationale, il dit : « ceci est à vous, reprenez-le. » De ce droit il est le gardien responsable ; il en sera le soldat, le martyr au besoin ; il ne s'en croira jamais le maître.

La France est sa constante préoccupation, le trône rarement, l'esprit de parti jamais. Il écrit au général Vincent, le 14 août 1843, lequel l'invite à visiter avec lui quelques-uns de nos champs de bataille : « Forcé de vivre sur la terre étrangère, je suis du moins heureux et fier lorsque je peux montrer auprès de moi des amis fidèles qui, comme vous, ont toujours combattu pour la France et dont le nom se rattache à la gloire de nos armes. » A un autre, le général Latour-Maubourg, il écrit, le 14 décembre 1842, pour lui dire « qu'il se félicite de compter pour amis des hommes qui ont versé leur sang pour la gloire de nos armes et porté si haut le nom français ». Veut-il remercier l'nn de nos plus éminents jurisconsultes, M. Pardessus, des enseignements et des conseils qu'il en a reçus, il lui parle de « son nom qui rappelle tant d'utiles travaux et d'honorables services rendus à la France ». Puis, avec le sentiment tout français d un Bourbon qui croit surtout à l'honneur, il lui dit de garder cette lettre, « seule récompense que peut offrir l'exil ».

En même temps, il appellera M. de Chateaubriand à Londres, le logera sous son toit, l'introduira dans l'intimité de ses conseils, parce que, lui dit-il, « votre nom est une des gloires de la France ».

On sait quel retentissement eut ce voyage à Londres; on se rappelle quels orages se déchaînèrent autour de la fameuse adresse, dite de *flétrissure*, les luttes de la tribune, les violences de la presse et les cris de victoire qui accueillirent la réélection des cinq députés légitimistes moralement expulsés de la Chambre. Veut-on connaître quelle part le Prince prit à ce triomphe de parti? « C'eût été un bien vif sujet de regret pour moi, écrit-il, le 19 mars 1844, à MM. Berryer, Blin de Bourbon, de Larcy, la Rochejacquelein et de Valmy, si la visite que vous m'avez faite à Londres avait dû priver la France d'aussi bons défenseurs de ses intérêts ». Puis vient un appel à la conciliation des opinions sincères sur le terrain des principes monarchiques et des libertés nationales. Nous le demandons, est-ce là parler en chef de parti ou en souverain?

La révolution de Février, qui fut, aux yeux du plus grand nombre, comme la revanche providentielle de 1830, ne put elle-même troubler la sérénité de ce cœur inaccessible aux vulgaires ressentiments. Quelques journaux ayant publié de prétendues lettres de désistement qu'il aurait adressées au président de l'Assemblée nationale, le Prince répondit : « Aucune de ces lettres n'est de moi. Ce qu'il y a de vrai, c'est mon amour pour la France, c'est le sentiment profond que j'ai de ses droits, de ses intérêts, de ses besoins dans les temps actuels ; c'est la disposition où je suis de me dévouer tout entier, de me sacrifier à elle, si la Providence me juge digne de cette noble et sainte mission ». Et ailleurs : « Vous le savez déjà, ce que je veux, c'est la paix, c'est le bonheur. c'est la gloire de la France, et, dans ma conviction profonde, ces graves intérêts ne peuvent être assurés que par le retour au principe qui pendant tant de siècles a été la garantie de notre ordre social et peut seul permettre de donner aux libertés publiques tout leur développement. Il n'y a dans mon âme d'amertume contre personne. Exempt de toute vue personnelle, je n'ai d'autre pensée que de contribuer à délivrer mon pays des maux présents et des craintes à venir, de l'aider à recouvrer la sécurité au dedans, sa grandeur au dehors. Le plus beau jour de ma vie serait celui où je verrais les partis rapprochés dans un commun patriotisme, la famille royale réunie autour de son chef dans les mêmes sentiments de respect pour tous les droits, de fidélité à tous les devoirs. d'amour et de généreux dévouement pour la patrie. »

Comme on le voit, la France, toujours la France, au-dessus de tout la France. En lui, le respect de la France domine tout. Il ne veut pas que son nom soit une occasion de troubles et de discordes; il ne veut pas que son droit sorte sanglant d'une catastrophe. « Mon règne, écrit-il à Berryer le 15 janvier 1849, ne saurait être ni la ressource ou l'œuvre d'une intrigue, ni la domination exclusive d'un parti. » Entre son principe, sa personne et son pays il a fait trois parts : pour le principe toute sa foi, pour le pays tout le profit. pour lui tout le devoir.

Le devoir, c'est en effet le premier et le dernier mot de cette existence. « Mes devoirs envers la France, déclarait-il le 5 octobre 1848, seront toujours la règle essentielle de ma conduite. » Déjà en revenant de Londres, le 5 février 1844, il écrivait à M. de Villèle : « Je ne vois dans les droits que, d'après les lois antiques de la monarchie, je tiens de ma naissance, *que des devoirs à remplir*. La France me trouvera toujours prêt à me sacrifier pour elle. Je ne viens pas de me constituer prétendant. Dieu, en me faisant naître, m'a imposé de grands devoirs envers la France ; je ne les oublierai jamais. Quand il m'appellera à les remplir, je serai prêt, sans orgueil et sans faiblesse. » Et quel peut être le devoir de cet exilé envers la France? « Mon devoir, écrit-il au duc de Levis, le 25 juin 1853, est de conserver loyalement à mon pays et de transmettre intact à mes successeurs le principe de l'hérédité royale et traditionnelle, seule base de la monarchie vraie, forte, tempérée, à laquelle la France, j'en ai le ferme espoir, voudra de nouveau confier elle-même ses destinées. »

« On peut abdiquer un droit, dit-il encore, mais on n'abdique pas un devoir. » Nous ne connaissons pas une plus belle parole.

En résumé, la conduite du comte de Chambord apparaît basée d'une part sur la notion, en quelque sorte impersonnelle, du droit qui réside en lui, de l'autre sur la conscience énergique du devoir que ce droit lui impose. Il fera toujours bon marché de lui, de ses goûts, de ses convenances, de ses intérêts; mais ce qu'il aura considéré comme question nationale, il ne voudra pas le régler sans la nation. Le concours de la nation, il le veut pour tout et partout ; il le veut pour rentrer, il le veut pour s'établir, il le veut pour gouverner. Dans l'ordre de choses que ses lettres semblent déjà inaugurer, le pays ne saurait plus être ni un ennemi qu'on endort, ni un niais que l'on dupe, ni un compère que l'on débauche ; il doit être le collaborateur assidu et fidèle de l'autorité. Le comte de Chambord ne veut pas engager la France sans la France ; il ne veut pas remonter sur le trône les mains liées ; il veut fonder d'accord avec elle un gouvernement complétement en harmonie avec notre temps.

On recueille donc dans ses lettres tous les éléments d'un programme net, complet, invariable, un programme de principes. « On ne peut résoudre ni régler d'avance toute chose », écrit-il, le 25 juin 1853, au duc de Levis. A côté de ces belles paroles, nous remarquons des vœux, des tendances de progrès à poursuivre, mais toujours sous la condition de l'action commune du pays, suivant les ressources qu'il fournirait et le cours des événements. Les extrêmes lui répugnent, les réactions le révoltent. Sa raison se plaît dans cette juste mesure où les anciens plaçaient la sagesse et où les modernes feraient bien de fixer leur politique.

Au plus fort de la dictature de juin 1848, ce prétendu représentant de l'absolutisme écrit à Berryer : « Puisse le spectacle de ces calamités et la crainte des maux qui menacent l'avenir ne point emporter les esprits loin des grands principes de justice et de liberté publique qu'en ce temps plus que jamais les amis des peuples et des rois doivent défendre et maintenir ! » Cette lettre est datée du 19 juillet 1848.

Le comte de Chambord n'a pas cherché les occasions d'écrire ; sa correspondance ne contient guère que des réponses. Si quelques manifestations plus solennelles s'y rencontrent de loin en loin, c'est en des circonstances qui les rendent non seulement naturelles, mais nécessaires.

Il comprenait sagement qu'un coup d'État, comme le 2 décembre, ne peut être l'œuvre d'un prince légitime ; il ne pouvait ni rentrer en France en se donnant comme simple citoyen, ni briguer le mandat de représentant du peuple, ni se pousser au fauteuil présidentiel en attendant le trône. « Je respecte mon pays autant que je l'aime », a-t-il écrit. Bien qu'il s'abstienne d'en prendre le titre, il se sent roi. Il ne peut-être en France, comme l'a dit un jour Berryer, que le premier des Français, le Roi.

Le 18 mars 1851, le comte de Chambord écrit à M. de Salvandy : « Espérons que la grande œuvre d'union et de conciliation que je hâte de tous mes vœux s'accomplira bientôt. Dieu veuille que ce soit assez à temps pour épargner à notre chère patrie tous les malheurs dont elle est menacée! Voilà le point essentiel dont-il faut se préoccuper avant tout. Aussi est-ce là l'objet de toutes mes craintes, de toutes mes sollicitudes. Que les hommes de cœur, que tous ceux qui aiment sincèrement leur pays, unissent leurs efforts aux miens, et la France sera sauvée. »

En 1852, la France avait besoin de trouver un sauveur, elle trouva un maître. Le comte de Chambord se renferme dans la dignité de l'exil.

Toute impatience de retour est dominée chez lui par la préoccupation d'assurer d'avance les données essentielles d'un gouvernement qui doit clore à jamais l'ère de nos révolutions.

Dès 1844, il se plaisait à confondre en ces termes une des calomnies les plus en vogue. Il écrivait au général Donnadieu : « A Londres comme à Rome, comme partout où j'ai eu le bonheur de rencontrer des Français, je les ai tous reçus avec empressement, sans distinction de rang, de classe, de condition, ni même d'opinion. Ce sont là, grâce à Dieu, des faits notoires qu'il ne sera pas facile d'obscurcir. Je l'ai dit et je le répète : Si jamais la Providence m'ouvre les portes de la France, je ne veux pas être le roi d'une classe ou d'un parti, mais le roi de tous. Le mérite et les services seront les seules distinctions à mes yeux. » Six ans plus tard, il écrivait au duc de Noailles : « J'ai employé les longues années de mon exil à étudier sérieusement les hommes et les choses. Je comprends les conditions que les événements ont faites à la société actuelle. Je reconnais les intérêts nouveaux qui de toutes parts se sont créés en France, et le rang social que se sont légitimement acquis l'intelligence et la capacité. Si la Providence m'appelle sur le trône, je prouverai, je l'espère, que je connais l'étendue et la hauteur de mes devoirs. Exempt de préjugés, loin de me renfermer dans un esprit étroit d'exclusion, je m'efforcerai de faire concourir tous les talents, tous les caractères élevés, toutes les forces intellectuelles de tous les Français à la prospérité et à la gloire de la France. »

Dans l'esprit du comte de Chambord, l'autorité

n'est point l'ennemie de la liberté; il les considère comme deux sœurs, inséparablement unies pour l'œuvre de conservation et de progrès. « Si je veux, a-t-il écrit quelque part, que le pouvoir soit fort, c'est précisément pour qu'il ait les moyens de faire jouir la France des justes libertés qui lui sont nécessaires, et dont seul il peut leur assurer la possession. » Ailleurs, il loue justement dans M. Berryer «l'infatigable défenseur de la monarchie, qui peut seule s'allier avec une sage liberté ».

« Son ambition, dit-il dans une lettre du 23 janvier 1851, c'est de fonder avec la France un gouvernement régulier et stable, en le plaçant sur la base de l'hérédité monarchique et sous la garde des libertés publiques à la fois fortement réglées et loyalement respectées. Ce qu'il veut, c'est un gouvernement fort par l'autorité morale, contrôlé, limité, au besoin défendu contre ses propres excès; supportant l'examen, sans rien perdre de sa nécessaire liberté d'action ; admettant dans une juste mesure l'initiative de l'opinion, sans être livré à ses caprices ou impuissant contre l'anarchie. » « Mes pères et les vôtres, rappelle-t-il, ont travaillé pendant des siècles, travaillant de concert, selon les mœurs et les besoins du temps, au développement de notre belle patrie. »

Ainsi, la liberté nécessairement unie à l'autorité, la royauté mêlée à la nation, le concours demandé plutôt que la soumission, telle est la pensée persistante qui se dégage des lettres du comte de Chambord. Pour lui, le roi et le peuple ne font qu'un. La nation tient au pouvoir comme à son indispensable sauvegarde : le pouvoir tient à la liberté comme à son plus vital intérêt.

Examinons maintenant le programme du comte de Chambord. En premier lieu, il veut poser la question de décentralisation, comme la meilleure manière de résoudre la question de liberté ; il croit que l'affranchissement progressif des communes sera le vrai moyen de rendre au suffrage universel sincérité et moralité. Il écrit, le 22 janvier 1849, à l'un des promoteurs les plus autorisés de cette utile réforme : « Je serais charmé que vous puissiez vous occuper en particulier d'un travail sur l'application pratique de la décentralisation, dont votre discours expose la théorie, et même y formuler vos idées en projets de lois ou de décrets, afin de les rendre encore plus pratiques ». Cette lettre était écrite à M. Béchard, député du Gard. Un autre député, un autre esprit ferme et droit, M. Raudot, député de l'Yonne, ayant soumis à l'Assemblée législative et communiqué au Prince un vaste plan de décentralisation, il lui écrit aussitôt que son vœu le plus ardent est de s'éclairer, et qu'il serait heureux d'en causer avec lui.

Cinq ans après, il constate avec joie que, « sur ce sujet de ses préoccupations les plus sérieuses, les convictions sont arrivées à ce point de maturité, que les esprits d'abord les plus opposés reconnaissent aujourd'hui la nécessité de modifications dans lesquelles la centralisation du pouvoir, qu'il serait dangereux d'affaiblir, trouverait elle-même de précieux avantages ».

L'agriculture, cette grande question du travail

et du pain, préoccupait également le comte de Chambord. Il cherche des méthodes nouvelles; il recommande des institutions de crédits fonciers. Il ne veut pas d'antagonisme entre l'industrie et l'agriculture; l'industrie est solidaire de l'agriculture, dont elle accroît les ressources et met en œuvre les produits. Le capital n'est pas ennemi du travail, dont il sort et qu'il entretient.

Le comte de Chambord ne voulait pas apprécier dans ses lettres la politique des puissances étrangères. « Tant que je serai forcé de vivre en exil, disait-il, répondant à l'un de ses amis, le 18 octobre 1846, il importe essentiellement au maintien de ma dignité et de mon indépendance personnelle que je conserve la plus stricte neutralité, et que je reste constamment étranger à tout ce qui touche à la politique des divers gouvernements. »

Mais il se met le cœur à l'aise quand il s'agit de la France. Là il est chez lui, et il le dit et il en fait la preuve. Les révolutions qui ont renversé les trônes de ses pères n'ont pas interrompu pour lui l'histoire de la France. « J'aime sa gloire contemporaine, s'écrie-t-il, autant que ses glorieuses traditions et les grands souvenirs de son histoire. » Il salue avec fierté les vainqueurs d'Alger; il juge en politique les guerres de Crimée et d'Italie; il admire nos incomparables soldats, il compatit à leurs souffrances, s'enorgueillit de leurs victoires.

Spectateur attentif des événements qui apprennent à quelles conditions l'ordre règne, il n'attend rien que de la France même. S'il n'a pas voulu être une cause de troubles et de malheurs au dedans, encore moins voudrait-il devenir jamais une cause de division et d'affaiblissement devant l'étranger. Son patriotisme est sans phrases et se traduit par des actes. Il quitte le sol de l'Autriche quand elle se bat avec la France. Avant tout la gloire nationale, tel est le sentiment qui domine toute sa politique extérieure.

Quant au droit du Prince, nous avons déjà dit quelle était l'interprétation du comte de Chambord. Il procède de l'histoire ; ne le voyons-nous pas, en effet, se fonder, s'affermir et grandir avec la France ? Il n'est pas personnel, ou du moins pas plus qu'il ne le faut pour être représenté ; il est national. « La monarchie, a dit admirablement le Prince lui-même, dans son manifeste du 25 octobre 1852, c'est la maison royale de France indissolublement unie à la nation. » En France, avant lui, les immortels cahiers de 1789 avaient dit : « Le souverain, c'est la nation jointe au monarque ». On reconnaît là l'historique devise des étendards de Rome : *Senatus populusque romanus*. Le Sénat sans le peuple, c'est l'oligarchie ; le peuple sans le Sénat, c'est l'anarchie : réunis, c'est la République, c'est Rome. Le roi et la nation, ce sont les deux branches de la fleur de lis, c'est la France.

Un document qui obtint, lorsqu'il parut, un juste retentissement et une immense publicité, doit être considéré comme résumant les idées du Prince sur l'organisation de la monarchie. Nous voulons parler de la lettre à Berryer, du 23 janvier 1851, lettre qui se trouve confirmée et précisée dans une autre du 12 mars 1856. Après avoir rappelé la politique d'union et de conciliation qui est la sienne, les garanties nécessaires à la stabilité du gouvernement et au développement de nos libertés, que peut seule assurer la monarchie traditionnelle, après avois dit que cette monarchie ne répondrait pas aux besoins de la France, si celle-ci n'en reconnaissait et n'en acceptait avec confiance la nécessité ; après avoir cité l'égalité devant la loi, la liberté de conscience, le libre accès pour tous les mérites à tous les emplois, comme les grands principes de toute société éclairée et chrétienne, le Prince fixe les points suivants comme bases indestructibles des institutions à établir :

Le pays sincèrement représenté, votant l'impôt et concourant à la confection des lois ;

Les dépenses sérieusement contrôlées ;

La propriété, la liberté individuelle et religieuse, inviolables et sacrées ;

L'administration communale et départementale sagement et progressivement décentralisée.

On voit dans ce programme que, dans l'idée du Prince, la France n'est pas seulement capable de libertés civiles ou administratives, mais qu'elle a droit aussi à la liberté politique. Une représentation sincère du pays, protectrice des droits de la nation, exerçant un contrôle sérieux, prêtant un loyal concours au gouvernement et lui servant tout à la fois de contrepoids et de point d'appui, telle serait donc, suivant lui, la base indispensable de l'organisation politique. « Tous les hommes dévoués à la cause de la liberté dans l'ordre, a-t-il dit, doivent trouver dans cette œuvre de véritable restauration une entière et légitime satisfaction. »

Ce n'est point par occasion que le comte de Chambord a tracé ce programme; ce n'est point par opiniâtreté qu'il a tenu à n'y rien ajouter. Ses idées ne datent ni de 1851 ni de 1856, mais il les a toujours dérivées de son principe même. En se montrant aussi réservé sur les détails qu'explicite sur les principes, en laissant aux circonstances tout ce qui dépend d'elles, il a gagné qu'il pourrait aujourd'hui reproduire cette lettre de 1851 sans avoir reçu le plus léger démenti des événements ou de lui-même.

TROISIÈME PARTIE

PRINCIPALES LETTRES DU COMTE DE CHAMBORD

Nous citerons maintenant les lettres les plus intéressantes du comte de Chambord.

A MONSIEUR DE PASTORET.

2 *mai* 1841.

Monsieur le marquis de Pastoret, j'apprends les malheurs affreux causés par les inondations dans le midi de la France, et je vous prie d'envoyer de ma part une somme de six mille francs pour être distribuée dans les lieux qui ont le plus souffert, particulièrement à Lyon et à Aviguon.

Quoique forcé de vivre loin de ma patrie, je ne puis rester étranger ni indifférent aux maux qu'elle endure. Tout mon regret, dans cette circonstance, est de ne pouvoir donner davantage; mais en recevant le peu que je puis offrir, on comprendra tout ce que j'aurais tant aimé à faire.

J'espère que mes amis suivront mon exemple et m'aideront à secourir tant d'infortunes. Ils ne peuvent me donner une preuve d'affection à laquelle je sois plus sensible.

AU VICOMTE DE CHATEAUBRIANT.

28 *juillet* 1842.

Je sais que, cruelle à votre égard, comme elle ne l'a été que trop souvent envers les hommes qui ont le plus illustré leur époque et leur pays, la fortune n'a point marché pour vous du même pas que la gloire. J'éprouverais donc une bien vive satisfaction à réparer, autant que ma position me le permet, cette injustice du sort en réalisant une pensée de mon aïeul le roi Charles X qui voulut, il y a quelques années, vous faire accepter l'équivalent d'un des traitements dont vous avez été privé par une usurpation contre laquelle vous avez si éloquemment protesté, et à alléger ainsi les sacrifices que vous impose votre inébranlable fidélité. C'est une dette à l'acquittement de laquelle vous ne vous opposerez plus, je l'espère ; vous ne voudrez pas, par un nouveau refus, m'ôter l'une des occasions où la conscience d'un devoir bien rempli peut, sur la terre étrangère, me procurer l'une de ces rares jouissances qui adoucissent l'amertume de l'exil.

Je charge donc le duc de Levis de vous faire connaître mes intentions, ou plutôt mes désirs. Connaissant les liens d'amitié qui vous unissent à lui, j'ai pensé que je ne pouvais choisir un intermédiaire qui vous fût plus agréable.

AU MARQUIS DE DREUX-BRÉZÉ.

8 *septembre* 1842.

Ayant appris, Monsieur le Marquis, que vous aviez l'intention de venir me voir cette année, et que les circonstances seules vous en avaient empêché, je veux vous remercier moi-même de cette bonne pensée et vous dire combien je désire qu'elle puisse s'accomplir bientôt. Vous pouvez être bien sûr du plaisir que j'aurai à vous voir et à m'entretenir avec vous des grands intérêts de l'avenir de la France et de tout ce qui pourra contribuer un jour à son bonheur.

Servir la France, c'est me servir moi-même. Ce sont des jours bien heureux, des jours enlevés à l'exil que ceux que je puis passer avec des amis comme vous, qui peuvent si bien me parler de notre pays, eux qui consacrent si utilement, si honorablement leur vie et leurs talents à la défense de ses véritables intérêts.

On vient de m'annoncer l'envoi du recueil de vos discours. Je relirai avec bien du plaisir et de l'intérêt ces éloquentes paroles qui font honneur à notre cause en prouvant que nous ne voulons tous que le bonheur et la liberté, l'indépendance et la gloire de la France.

Adieu, Monsieur le Marquis ; chargez-vous de mes compliments affectueux pour madame de Brézé, et de mes souvenirs pour votre frère, et recevez la nouvelle assurance de mon estime et de ma bien constante affection.

AU MARQUIS DE PASTORET.

21 *mars* 1843.

Monsieur le marquis de Pastoret, je viens d'apprendre l'affreux désastre qui cause la ruine de la Guadeloupe, et je vous prie d'envoyer de ma part cinq mille francs aux personnes qui sont chargées de recueillir et de distribuer les secours. C'est seulement à la vue de tant de Français malheureux, de tant d'infortunes à secourir, que je regrette de ne pas être plus riche. Je veux du moins que ma faible offrande témoigne de ma sympathie pour des malheurs dont la nouvelle m'a bien péniblement affecté, etc.

A MONSIEUR BRIFFAUT, de l'Académie française.

14 *juillet* 1843.

Je veux vous remercier moi-même, Monsieur, des lettres que vous avez adressées à ma sœur et à moi. Je les ai lues avec le plus vif intérêt ; c'est pour moi un moyen aussi sûr qu'agréable de bien connaître l'état de la littérature française de notre époque. J'apprécie, comme je le dois, l'avantage d'avoir, sur les principaux ouvrages qui paraissent, l'opinion d'un homme dont la plume élégante et facile trace avec tant de délicatesse et de charme des jugements dictés par le goût le plus pur et le plus classique ; d'un écrivain qui réunit à un si haut degré toutes les qualités que le prince des orateurs romains exigeait de ceux qui exercent l'art de bien dire : *Vir bonus, dicendi peritus*. Je suis heureux également de trouver cette occasion de vous exprimer ma reconnaissance pour votre dévouement et votre fidélité ; n'en doutez pas, Monsieur, et comptez sur toute mon estime et mon affection.

A MONSIEUR DE FONTAINE, juge près le tribunal civil de Lille.

5 *février* 1844.

Je veux vous exprimer moi-même, Monsieur, tout le regret que j'éprouve des persécutions auxquelles vous êtes en butte. Les hommes qui se sont faits mes ennemis cherchent à calomnier mes sentiments et les motifs honorables qui ont porté tant de Français à venir à moi. Mais heureusement les mille témoins qui m'ont vu à Londres peuvent attester qu'il n'a été question que du bonheur de notre commune patrie. C'est là l'objet constant de mes vœux, et je ne vois dans les droits que, d'après les antiques lois de la monarchie, je tiens de ma naissance, que des devoirs à remplir. La France me trouvera toujours prêt à me sacrifier pour elle.

Dans la position où je suis placé, je ne puis rien faire pour ceux qui souffrent à cause de moi que de leur donner des témoignages d'intérêt et de sympathie. Puissiez-vous trouver dans ces lignes une compensation aux vexations que vous avez éprouvées !

A MESSIEURS LES DÉPUTÉS BERRYER, BLIN DE BOURDON DE LARCY, DE LAROCHEJACQUELEIN ET DE VALMY.

19 *mars* 1844.

J'apprends, Messieurs, que vous êtes réélus à la Chambre des députés, et je m'empresse de venir m'en féliciter avec vous. C'eût été un bien vif regret pour moi, si la visite que vous m'avez faite à Londres avait dû priver la France d'aussi bons défenseurs de ses intérêts. Je suis heureux et reconnaissant que les électeurs des villes de Marseille, Toulouse, Montpellier, Doullens et Ploërmel aient fait si bonne justice des calomnies que l'on voulait accréditer sur mon voyage en Angleterre et sur votre présence à Londres. Tous ceux qui me connaissent savent qu'il n'y a dans mon cœur et qu'il n'est jamais sorti de ma bouche que des vœux pour le bonheur de la France.

Le sentiment de générosité qui a porté les hommes honorables qui ne partagent pas encore toutes nos convictions à se rapprocher de nous dans cette circonstance, doit nous donner l'espoir qu'un jour viendra, jour heureux de conciliation, où tous les hommes sincères de tous les partis, de toutes les opinions, abjurant leurs trop longues divisions, se réuniront de bonne foi sur le terrain des principes monarchiques et des libertés nationales pour servir et défendre notre commune patrie.

Je vous renouvelle, Messieurs, l'assurance de toute mon estime et de ma bien sincère et constante affection.

AU COMTE DE TURENNE.

27 *juin* 1844.

Monsieur le Comte, je profite du départ du duc de Clermont-Tonnerre pour vous remercier de la note intéressante que vous m'avez envoyée sur les congrès agricoles. Le duc de Levis m'a rendu compte de sa conversation avec vous ; et c'est avec un bien grand plaisir que j'ai appris tous les efforts qui sont faits pour hâter les progrès de la culture en France, et surtout pour améliorer le sort de la classe agricole. Je ne cesserai de recommander à tous ceux qui sont restés fidèles à notre cause d'habiter le plus possible leurs terres, et de donner l'exemple de toutes les améliorations utiles. C'est le vrai et le seul moyen de détruire les préventions injustes et de rendre à la propriété foncière la part d'influence qui lui appartient, et qu'il serait si utile qu'elle obtînt dans l'administration et la conduite des affaires du pays. Je suis heureux de trouver cette occasion de vous remercier de vos sentiments de fidélité et de dévouement, et de vous donner l'assurance de toute mon estime et de mon affection.

AU GÉNÉRAL DE LAROCHEJACQUELEIN.

6 *juillet* 1844.

Faites mes remerciements à madame de Larochejacquelein pour le charmant heaume de chevalier, ce souvenir des temps de gloire et d'héroïsme, qu'elle a bien voulu m'envoyer. Autrefois, le chevalier Bayard arma François Ier sur le champ de bataille. Que j'aimerais à me trouver en pareille circonstance et à recevoir aussi de vous l'accolade ! et qui serait plus digne de me la donner que celui qui porte si noblement le noble nom de Larochejacquelein? Je profite avec empressement de cette occasion pour vous exprimer encore tout le plaisir que j'ai eu à vous voir en Angleterre, et pour vous renouveler l'assurance de toute mon estime et de ma sincère affection.

AU COMTE JULES DE COSNAC.

4 *septembre* 1844.

J'ai reçu, Monsieur le Comte, la lettre que vous m'avez écrite et l'ouvrage que vous m'avez envoyé. J'aime à voir les jeunes gens qui ont conservé, comme vous, leurs sentiments de fidélité et de dévouement, s'occuper des grandes questions qui intéressent l'avenir de la France, et se préparer ainsi à se rendre utiles un jour. C'est là un bon exemple que vous donnez ; j'espère qu'il sera suivi. Je profite de cette occasion pour vous remercier de la visite que vous êtes venu me faire à Londres, et pour vous donner l'assurance de mon estime et de mon affection.

AU COMTE DE DAX.

12 *septembre* 1844.

J'ai reçu, Monsieur le Comte, par le général de Saint-Priest, le charmant étui contenant les divers échantillons des produits de vos forges, que vous m'avez envoyé ainsi que la lettre qui l'accompagnait. Je vous remercie de l'un et de l'autre; car l'un et l'autre m'ont fait un véritable plaisir. Outre que tous les travaux qui tendent à maintenir la France au rang qui lui appartient, ne peuvent que m'inspirer un vif intérêt, j'aime à voir les hommes de bien et d'honneur employer utilement leurs loisirs actuels, et continuer à servir, de tout leur pouvoir, cette chère patrie dont la prospérité et la gloire sont l'unique objet de mes pensées sur la terre d'exil où je suis forcé de vivre. Je vous félicite des nobles sentiments que vous m'exprimez et qui répondent si bien à la noble conduite que vous avez tenue dans tous les temps. Croyez, cher Comte, à toute mon estime et à mon affection.

AU COLONEL D'ESCLAIBES.

20 *septembre* 1844.

Monsieur le comte d'Esclaibes, je sais qu'après avoir glorieusement combattu pour la France, sur les champs de bataille, vous la servez encore aujourd'hui dans la retraite, en favorisant par vos soins et votre exemple les progrès de l'agriculture dans la province que vous habitez.

M'occupant aussi moi-même, autant par goût que par devoir, de tout ce qui se rattache à l'agriculture, cette source véritable de la richesse des nations et du bien-être des classes laborieuses, j'éprouve un grand désir de vous voir et de m'entretenir avec vous. Le voyage que vous faites en ce moment en Belgique me fournit en nous rapprochant une occasion dont je veux profiter pour vous demander de venir passer quelques semaines avec moi.

Il ne sera pas, d'ailleurs, sans intérêt pour vous d'examiner l'état de la question en Autriche. Nous visiterons ensemble les grands établissements que le gouvernement a fondés pour l'amélioration des chevaux. Question dont l'importance n'a peut-être pas été appréciée en France jusqu'à ce jour. Ce sera un grand bonheur pour moi de m'associer ainsi à des recherches qui doivent avoir quelque utilité pour notre patrie, car ma plus grande consolation sur la terre étrangère est de m'occuper de tout ce qui peut contribuer au bonheur, à la gloire et à la prospérité de la France.

Je vous renouvelle l'assurance des sentiments d'estime et d'affection que méritent si bien vos honorables services et votre noble conduite dans tous les temps.

AU VICOMTE DU BOUCHAGE, membre de la Chambre des pairs.

11 *octobre* 1844.

Monsieur le Vicomte, je profite d'une occasion sûre pour vous remercier des deux mémoires que vous m'avez envoyés. Je les ai lus avec d'autant plus d'attention et d'intérêt que je m'occupe moi-même de ces graves et importantes questions qui doivent exercer dans l'avenir une si grande influence sur les destinées des nations. Je regarde comme un devoir d'étudier dès à présent tout ce qui se rattache à l'organisation du travail et à l'amélioration des classes laborieuses. Quels que soient les desseins de la Providence sur moi, je n'oublierai jamais que le grand roi Henri IV, mon aïeul, a laissé à tous ses descendants l'exemple et le devoir d'aimer le peuple. C'est là un héritage qui ne peut m'être enlevé, et mes amis ne sauraient me rendre un meilleur service que de faire connaître ces sentiments qui sont dans mon cœur.

Le duc de Levis m'a rendu compte des conversations que vous avez eues ensemble. Je le chargerai, lors de son retour en France, de s'entendre avec vous sur tout ce qu'il sera possible de faire pour entrer dans les vues que vous m'avez exposées.

Je saisis avec plaisir cette occasion pour vous féliciter de la courageuse persévérance avec laquelle vous ne cessez de défendre à la tribune les véritables intérêts de la France et la cause du peuple, de ce peuple si souvent trompé et dont on s'occupe si peu. Vous acquérez ainsi de nouveaux droits à mon estime et à mon affection, dont j'aime à vous donner ici la bien sincère assurance.

A MONSIEUR JEAN REBOUL.

12 *avril* 1845.

J'ai reçu votre lettre avec plaisir, Monsieur. J'aime en vous le génie du poëte et le caractère de l'homme de bien. Vous avez consacré vos talents à tous les sentiments qui peuvent rendre l'homme meilleur en l'élevant vers Celui de qui émane tout ce qui est bon et à qui doit remonter toute poésie. Je suis bien aise de vous dire combien j'ai pour vous d'estime et d'affection.

AU VICOMTE DE CHATEAUBRIANT.

Juillet 1845.

C'est avec bien du plaisir, Monsieur le Vicomte, que je viens d'apprendre votre heureuse arrivée à Paris. Votre santé, grâce à Dieu, n'a pas trop souffert de ce long et fatigant voyage. Je puis donc me réjouir maintenant sans réserve de la bonne visite que vous êtes venu me faire.

Recevez encore tous mes remerciements. C'est un véritable service que vous me rendez toutes les fois que vous vous rapprochez de moi. La France a confiance en vous; elle aime à nous voir, comme à Londres, en parfaite communauté d'opinions et de sentiments. Et comment ne serions-nous pas toujours d'accord, puisque nous voulons tous deux, pour notre pays, gloire, prospérité et liberté?

AU BARON CAUCHY.

4 *août* 1845.

Je vous remercie, mon cher Baron, des vers que vous m'avez envoyés pour ma fête. Je les ai lus avec grand plaisir. Ils expriment si bien les sentiments d'un cœur fidèle et dévoué. Croyez que je n'ai pas oublié le temps où vous me lisiez vous-même vos poésies; puissiez-vous bientôt me les lire encore, mais sous un autre ciel que celui de l'Allemagne! Vous savez combien j'aime la France. Je ne me console de vivre loin d'elle que dans l'attente du jour qui m'ouvrira ses portes, et où je pourrai me consacrer tout entier à son bonheur. Ainsi donc, mon cher Cauchy, au revoir.

AU MARQUIS DE DREUX-BRÉZÉ.

En apprenant, mon cher Marquis, le malheur qui vient de vous frapper, j'éprouve le besoin de vous dire tout de suite la part bien vive que je prends à votre affliction.

Homme de conviction, de talent et de cœur, le marquis de Brézé servait puissamment la France, en l'éclairant sur ses véritables intérêts par sa noble et éloquente parole. Je ne puis donc trop déplorer la perte d'un ami si sage, si dévoué, et dont la brillante carrière a été trop courte pour la France et pour nous. Puisse votre juste douleur trouver ici quelque soulagement dans l'expression de mes regrets, que je m'empresse d'unir à ces hommages si unanimes et si bien mérités qui sont rendus, dans ce moment, à la mémoire de votre frère. Quant à moi, je suis heureux de voir le nom auquel il a donné un nouvel éclat, se perpétuer dans une famille qui partage ses principes, ses opinions, ses sentiments, et qui conservera le glorieux héritage qui lui est laissé.

AU BARON DE LARCY.

6 *octobre* 1846.

Je vous remercie, Monsieur le Baron, de la lettre que vous m'avez adressée, et je veux, en même temps, vous exprimer tout le regret que j'ai éprouvé en vous voyant, ainsi que quelques-uns de vos honorables collègues, éloigné malgré vous du poste d'honneur où vous défendiez, avec tant de courage et de dévouement, les véritables intérêts du pays. Espérons qu'un jour viendra où des lois plus équitables, rendant à chacun la légitime part d'influence qui doit lui appartenir, la France sera mieux et plus fidèlement représentée ; alors, soyez-en bien sûr, vous serez rappelé de nouveau à continuer la noble tâche que vous vous étiez imposée.

Vous me parlez de la visite que vous m'avez faite à Londres. C'est me rappeler un souvenir qui me sera toujours bien cher. Entouré de tant de Français fidèles, je croyais être de retour dans notre chère patrie. Toutes les preuves de dévouement qui m'ont été données à cette époque restent gravées dans mon cœur, comme je n'oublierai jamais, non plus, tout ce qui m'a été dit d'utile sur les intérêts et les besoins de la France.

Je vous renouvelle, Monsieur le Baron, l'assurance de mon estime et de ma sincère et constante affection.

AU MARQUIS DE PASTORET.

18 *octobre* 1846.

Monsieur le marquis de Pastoret, je désire qu'à l'occasion de mon mariage, les pauvres aient part à la joie que m'inspire cette nouvelle preuve de la protection du ciel sur ma famille et sur moi, et il me paraît que ceux de Paris ont un droit particulier à mon intérêt; car je n'oublie pas que c'est dans cette ville que je suis né et que j'ai passé les premières années de ma vie. Je m'empresse, en conséquence, de vous annoncer que je mets à votre disposition une somme de vingt mille francs que je vous charge de distribuer.

Dans la répartition de ce secours, vous n'aurez égard à aucune autre considération qu'à celle des besoins et de la position plus ou moins malheureuse de chacun, vous concertant, à cet effet, avec quelques-uns de mes fidèles amis, qui seront heureux de vous prêter le concours de leur zèle, pour vous aider à remplir mes intentions. Je n'ai qu'un regret, c'est de ne pouvoir donner davantage, à l'approche des rigueurs de l'hiver.

Je suis sûr que mes amis sentiront comme moi la nécessité de s'imposer de nouveaux sacrifices et de rendre leurs aumônes plus abondantes que jamais. Ils ne peuvent rien faire qui me soit plus agréable. C'est, d'ailleurs, le grand moyen d'éloigner de notre commune patrie les maux qui la menacent et d'attirer sur elle les bénédictions qui peuvent assurer son bonheur.

AU MARQUIS DE PASTORET.

30 *octobre* 1846.

Quoique forcé de vivre sur la terre étrangère, je ne puis jamais être indifférent ou insensible aux maux de la patrie. En pensant à la cherté des subsistances et aux justes craintes qu'elle inspire par la saison rigoureuse où nous allons entrer, j'ai cherché comment je pourrais contribuer au soulagement de la misère publique. Il m'a paru que le meilleur emploi à faire des sommes dont je peux disposer, c'est de les consacrer à établir, à Chambord et dans les forêts qui nous appartiennent encore, des ateliers de charité qui, offrant aux habitants pauvres de ces contrées un travail assuré pendant l'hiver prochain, leur fournissent les moyens de pourvoir à leurs besoins et à ceux de leur famille. Je vous charge donc de prendre les mesures nécessaires pour l'exécution d'un projet que j'aimerais à voir s'étendre à la France entière. Pour moi, je me féliciterai d'avoir pu adoucir le sort de Français malheureux qui, par leur position particulière, ont encore plus de titres à mon intérêt.

Je vous renouvelle, etc.

AU DUC DE LORGE.

30 *octobre* 1846.

Mon cher Duc, voulant, à l'occasion de mon mariage, donner à mes fidèles amis des provinces de l'Ouest une nouvelle marque de ma sollicitude, et leur prouver encore que je n'oublie pas ce qu'ils ont fait et souffert pour moi, je vous charge d'être, dans cette circonstance, mon intermédiaire auprès d'eux. Je mets à votre disposition une somme de seize mille francs, pour la distribuer à ceux qui, par leurs blessures, leurs services et leur position, ont des titres plus particuliers à mon intérêt. Tout mon regret, surtout quand il s'agit de si nobles infortunes, c'est de ne pouvoir pas faire davantage pour les soulager ; mais le temps viendra, j'espère, où il me sera possible de leur témoigner plus efficacement toute ma reconnaissance.

Concertez-vous, pour la répartition de cette somme, avec les amis que je vous ai précédemment désignés. Je connais leur dévouement, et je suis sûr qu'ils seront heureux de s'associer à vos efforts et de vous faciliter les moyens de remplir la mission que je confie à votre zèle et au leur.

Je vous renouvelle, etc.

AUX DAMES DE LA HALLE.

Frohsdorf, *novembre* 1846.

Nous remercions sincèrement les dames de la halle et des marchés de la bonne ville de Paris des félicitations et des vœux qu'elles nous ont adressés à l'occasion de notre mariage. Tout ce qui nous vient, tout ce qui nous parle de la France a des droits sur notre cœur. Nous recevrons avec plaisir et reconnaissance les fleurs qui nous sont envoyées, et nous les garderons comme un témoignage précieux du souvenir et de l'affection que l'on nous conserve dans notre chère patrie. — HENRI, MARIE-THÉRÈSE.

AU MARQUIS DE VOGUÉ.

1er *décembre* 1846.

Monsieur le marquis de Vogué, c'est un besoin pour moi de vous dire combien j'approuve, combien j'admire votre noble conduite et votre dévouement au milieu des désastres qui viennent d'affliger une partie de la France. Dans d'autres temps, j'aurais regardé comme un devoir d'honorer, de récompenser de telles actions ; je ne puis vous offrir aujourd'hui que l'assurance de ma gratitude et de ma satisfaction ; mais je connais votre cœur et vos sentiments, et je suis sûr que vous serez sensible à cet hommage que je me plais à vous rendre. Que tous mes fidèles amis suivent votre exemple ; qu'ils cherchent, en mon absence, à se rendre utiles à notre chère patrie, comme j'aimerais tant à le faire moi-même, et ils acquerront ainsi de nouveaux droits à mon estime et à ma reconnaissance.

Comptez toujours, Monsieur le Marquis, sur ma bien sincère et constante affection.

AU BARON MULLER.

9 *décembre* 1846.

Je suis bien touché, Monsieur le Baron, des sentiments que vous m'avez exprimés à l'occasion de mon mariage, et je vous prie de faire aussi tous mes remerciements aux signataires de la lettre collective qui était jointe à la vôtre. Les félicitations que je reçois de toutes les parties de la France ajoutent encore à mon bonheur et à la reconnaissance que m'inspire cette nouvelle marque de la protection divine sur ma famille et sur moi. Dites bien à mes fidèles amis d'Alsace, en leur parlant de la Princesse qui vient de s'associer à ma destinée, que son cœur n'est pas moins français que le mien, et qu'elle est prête à se dévouer, comme moi, à la prospérité et à la gloire de la France. Le souvenir que j'ai conservé de votre digne frère, le brave colonel Muller, me fait doublement regretter la perte de son fils, en qui nous aurions tous été si heureux de le voir revivre.

Comptez toujours, Monsieur le Baron, sur ma sincère et constante affection.

AU COMTE DE JUMILHAC.

11 *janvier* 1847.

J'ai reçu, Monsieur le Comte, la lettre que vous m'avez écrite à l'occasion de mon mariage, et je veux vous en remercier moi-même. Soyez aussi mon interprète auprès de ceux qui vous ont choisi pour le leur auprès de moi dans cette circonstance. Je trouve mes peines moins vives et mes joies plus douces, quand je pense que de nobles cœurs s'associent à tout ce que le mien éprouve. Combien je leur sais gré surtout d'avoir répondu avec tant d'empressement à mon appel en faveur des classes indigentes. Assister des Français qui souffrent, c'est me servir. La charité de mes amis, autant que leur fidélité et leur dévouement, me portera bonheur.

Recevez, mon cher Comte, la nouvelle assurance de mon affection.

AU COMTE TURPIN DE CRESSÉ.

25 *avril* 1847.

Je viens de recevoir, Monsieur le Comte, les dessins que vous m'envoyez, et je m'empresse de vous en faire mes remerciements. Le sentiment qui a inspiré ce beau travail, le crayon habile qui l'a exécuté, et le noble cœur qui l'a offert, tout se réunit pour en relever le prix à mes yeux. Je vous sais gré en particulier de n'avoir fait entrer dans cette charmante collection que des vues de la France. Je regarde en passant ce que la terre étrangère a de remarquable, mais c'est naturellement pour la France que sont toutes mes préférences et ma prédilection, car c'est là que je vis par mes plus doux souvenirs et par mes plus chères espérances. Ma femme, qui est tout aussi française que moi, veut que je vous dise combien cet envoi lui a fait plaisir.

Croyez toujours, Monsieur le Comte, à mon affection.

AU BARON DE RIVIÈRE.

15 *juin* 1847.

Déjà depuis longtemps, Monsieur le Baron, votre zèle votre dévouement et votre fidélité m'étaient connus. Les nouveaux services que vous venez de rendre à la sainte et noble cause dont je suis le représentant, ajoutent encore à ma gratitude, et je suis charmé d'avoir ici l'occasion de vous le dire moi-même. Sans doute c'est à nous de marcher à la tête du mouvement social pour lui donner une sage et utile direction, de nous montrer toujours et partout les plus empressés comme les plus habiles à faire le bien, et de prouver ainsi à la France et principalement aux classes laborieuses de quel côté sont leurs vrais amis et les défenseurs constants de leurs intérêts.

Recevez, etc.

AU VICOMTE DE SAINT-PRIEST.

22 *janvier* 1848.

J'ai reçu, mon cher Saint-Priest, la note que vous avez rédigée de concert avec quelques-uns de vos amis. Je m'empresse de vous en remercier et de vous donner l'assurance que je l'ai lue avec beaucoup d'intérêt et d'attention.

Ce n'est pas la première fois qu'on m'exprime le désir qu'une manifestation publique de ma part témoigne de ma sympathie pour la ligne de conduite politique adoptée par le Saint-Père, et je comprends très bien l'avantage qui pourrait résulter, dans l'état actuel des esprits, d'une telle démarche; mais, d'un autre côté, elle présenterait de si graves inconvénients que je regarde comme un devoir de m'y refuser. Sans doute je fais des vœux sincères pour que le Pape puisse accomplir avec succès la grande et difficile tâche qu'il a entreprise, et pour que ses généreux desseins en faveur de ses sujets ne soient pas paralysés et compromis par l'esprit révolutionnaire qui, depuis soixante ans, a déjà été tant de fois le seul obstacle à l'établissement d'une sage et véritable liberté. Ces sentiments, je serai toujours à même de les professer toutes les fois que j'en trouverai l'occasion, mais tant que je serai sur la terre d'exil, il importe essentiellement au maintien de ma dignité et de mon indépendance personnelle que je conserve la plus stricte neutralité, et que je reste constamment étranger à tout ce qui touche la politique des divers gouvernements. C'est la règle de conduite que j'ai adoptée ; je m'en suis bien trouvé jusqu'ici, et je crois qu'il y aurait imprudence et danger à s'en écarter.

Je passe maintenant à ce qui regarde les questions de l'intérieur de la France. Je sais, et je m'en afflige, qu'un grand nombre de mes amis m'accusent d'inaction, d'indifférence même, et qu'ils voudraient me voir prendre une part plus active, si ce n'est à la lutte des partis, au moins à la discussion des questions sociales qui préoccupent en ce moment tous les esprits. Ma position actuelle exige trop de réserve, de prudence et de circonspection, pour qu'il me soit permis de donner satisfaction à ces vœux ; mais il faut que ceux de mes amis qui, comme vous, jouissent plus particulièrement de ma confiance et sont connus pour avoir avec moi des relations habituelles, mettent tous leurs soins, à éclairer les royalistes sur mes sentiments et mes intentions. Rappelez-leur donc que dans toutes les occasions, et notamment à Londres, j'ai hautement manifesté ma conviction que le bonheur de la France ne pouvait être assuré que par l'alliance sincère des principes monarchiques avec les libertés publiques. Tout ce qui tendra à ce but aura toujours mon approbation. Ainsi, je vois avec un vif intérêt les efforts qui sont faits pour obtenir, dès à présent, la réforme de ces lois injustes qui privent le plus grand nombre des contribuables de la participation légitime qui leur appartient dans le vote de l'impôt, et qui, tenant sous le joug, par l'exagération de la centralisation administrative, les communes, les villes, les provinces, les associations diverses, les dépouillent des droits et des libertés qui leur sont les plus nécessaires.

Je m'associe également à la lutte persévérante et courageuse des catholiques de tous les partis en faveur de la liberté de l'enseignement, qui ne devrait avoir d'autres limites que l'autorité tutélaire dont un sage gouvernement ne saurait se départir dans l'intérêt de la société. Obligé de vivre loin de la patrie, je ne puis, hélas ! jusqu'ici que me borner à faire des vœux pour elle, étudiant avec soin toutes les questions qui intéressent son avenir et me tenant constamment au courant de la situation des choses et des esprits par la lecture assidue des journaux de diverses opinions, et par les correspondances que je multiplie le plus que je puis avec des hommes qui appartiennent aux différentes nuances de l'opinion royaliste. C'est ainsi qu'en recherchant tout ce qui me paraît de nature à m'éclairer sur ce qui fait l'objet habituel de mes méditations, j'espère me trouver prêt lorsque le cours des événements amènera des circonstances qui me permettront de travailler plus activement et plus personnellement au bonheur de la France.

J'apprends avec plaisir qu'un nouveau congrès de la presse va bientôt se réunir à Paris, et j'approuve tous les soins qui sont pris d'avance pour donner à cette assemblée toute l'utilité qu'elle peut avoir. Que l'on s'attache surtout à prévenir ces discussions irritantes et dangereuses qui peuvent compromettre l'avenir et jeter le trouble et la désunion au sein du parti royaliste. Pour être fort il doit toujours rester uni.

Lors de l'ouverture du congrès, j'aurai soin de lui donner, par l'intermédiaire de son président, l'assurance de toute ma sympathie. Les fidèles amis venus avec tant de zèle et de dévouement des divers points de la France sauront que leur Prince est au milieu d'eux par le cœur, par la pensée, s'associant à leurs travaux, à leurs efforts, et prêt comme eux à tout sacrifier pour la prospérité et la grandeur de la commune patrie.

A MONSIEUR BERRYER.

15 *juillet* 1848.

Votre lettre, Monsieur, est la première qui m'ait apporté la nouvelle de la mort de M. de Chateaubriant. J'avais en lui un ami sincère, un conseiller fidèle, de qui j'étais heureux, dans mon exil, de recevoir les avis et de pénétrer les généreuses pensées. Depuis plusieurs mois, je m'affligeais de voir ce beau génie approcher du terme de sa carrière ; cette perte si grande m'est plus pénible encore en ce moment où mon cœur a tant à gémir des douleurs de la patrie.

Que de malheurs j'ai à déplorer ! Ces luttes affreuses qui viennent d'ensanglanter la capitale, la mort de tant d'hommes honorables et distingués dans la garde nationale et dans l'armée, le martyre de l'archevêque de Paris, la misère du pauvre peuple, la ruine de nos industries, les alarmes de la France entière ! Je prie Dieu d'en abréger le cours.

Puissent le spectacle de ces calamités et la crainte des maux qui menacent l'avenir, ne point emporter les esprits loin des grands principes de justice et de liberté publique, qu'en ce temps, plus que jamais, les amis des peuples et des rois doivent défendre et maintenir !

Je vous renouvelle, Monsieur, l'assurance de ma bien sincère et constante affection.

AU PRINCE DE MONTMORENCY.

Août 1848.

J'aurais été charmé de vous revoir, mon cher Prince, surtout dans ce moment. Qui mieux que vous aurait pu me tracer un tableau fidèle des graves et tristes événements dont Paris vient d'être le théâtre ? Nos amis ont généreusement payé leur dette à la cause de l'ordre et de la société tout entière menacée de périr. Vous avez été le premier, comme toujours, à donner ce noble exemple. Je sais les dangers que vous avez courus, et je remercie le ciel de vous avoir préservé. Dites à tous et à chacun que je suis heureux et fier de ce qu'ils ont fait. Je vous prie de témoigner à ceux qui ont été blessés, et particulièrement à MM. de Turenne et Huteau d'Origny, toute la peine que j'en ai ressentie. Exprimez-leur bien tout mon intérêt et mon impatience d'avoir de leurs nouvelles. Pour vous, mon cher Prince, je me félicite de l'occasion qui m'est offerte de vous réitérer ici, en attendant que je puisse le faire de vive voix, l'assurance de ma bien sincère et constante affection.

AU DUC DE NOAILLES.

5 *octobre* 1848.

D'après ce que vous m'écrivez, mon cher Duc, des personnes éminentes, convaincues de la nécessité de réunir en un seul faisceau toutes les forces qui peuvent résister à la tempête dont le monde social est si violemment ébranlé, pensent qu'un rapprochement entre les deux branches de ma famille est la condition première de cette désirable union. Mes devoirs envers la France seront toujours la règle essentielle de ma conduite. Tout ce qui peut contribuer à la sécurité, au bonheur, à la gloire de notre pays, je suis prêt à l'accomplir sans hésitation, sans arrière-pensée. Je crois avec vous que le concours de tous les hommes de cœur, de talent et d'expérience est nécessaire au rétablissement et au maintien de l'ordre dans la patrie. Je vous l'ai déjà dit, étranger et inaccessible à toutes les passions, qui perpétuent les funestes discordes, je regarderai comme le plus beau jour de ma vie celui où je verrai tous les Français rapprochés par les liens d'une fraternité véritable et la famille royale unie à son chef, dans les mêmes sentiments de respect pour tous les droits, de fidélité à tous les devoirs, d'amour et de dévouement pour la patrie.

Tous les événements passés disparaissent pour moi en présence des hauts intérêts de la France, qu'il s'agit de sauver du bord d'un effroyable abîme. J'appelle à concourir à ce grand œuvre tous les hommes distingués qui, jusqu'à ce jour, ont utilement et consciencieusement servi le pays, et qui peuvent le servir encore. J'ai employé les longues années de mon exil à étudier les hommes et les choses. Je comprends les conditions que le temps et les événements ont faites à la société actuelle ; je reconnais les intérêts nouveaux qui, de toutes parts, se sont créés en France, et le rang social que se sont légitimement acquis l'intelligence et la capacité. Si la Providence m'appelle sur le trône, je prouverai, je l'espère, que je connais l'étendue et la hauteur de mes devoirs. Exempt de préjugés, loin de me renfermer dans un esprit étroit d'exclusion, je m'efforcerai de faire concourir tous les talents, tous les caractères élevés, toutes les forces intellectuelles de tous les Français à la prospérité et à la gloire de la France.

Comptez, etc.

A MONSIEUR BERRYER.

15 *janvier* 1849.

Il y a peu de jours, l'on vous mandait, Monsieur, par mon ordre, que j'approuvais et que je partageais votre manière de voir sur le passé et sur l'avenir. En rendant aujourd'hui justice à votre dévouement, à votre zèle infatigable, et en vous renouvelant ici l'expression de toute ma gratitude, je veux vous dire combien j'apprécie la prudence que vous apportez dans vos démarches, et l'utilité de vos relations avec les hommes considérables au milieu desquels vous place naturellement votre situation politique. L'état présent des affaires et des esprits en France, et la marche des événements, font pressentir de nouvelles crises. Elles me trouveront prêt à me dévouer tout entier, avec l'aide de Dieu, à l'accomplissement des devoirs que m'imposent les droits que je tiens de ma naissance. Mais ces droits, je ne les ferai jamais valoir que dans l'intérêt de ma patrie et pour la sauver des déchirements et des périls extrêmes dont elle est menacée. Car mon règne ne saurait être ni la ressource ou l'œuvre d'une intrigue, ni la domination exclusive d'un parti.

Vous connaissez, Monsieur, mes sentiments et mes intentions à l'égard des membres de ma famille, comme à l'égard des hommes que leur haute probité et leur capacité éprouvée appellent à rendre au pays d'éminents services. Je vous autorise à donner en mon nom l'assurance que l'on me verra toujours disposé et résolu à prendre toutes les mesures qui, en conciliant avec les droits de la couronne la dignité du gouvernement, la stabilité et la grandeur des institutions politiques, favoriseront le développement des libertés et des intérêts généraux, et feront surtout régner cet esprit de paix et d'union entre tous les Français, qui est ma plus chère pensée.

Je vous renouvelle, Monsieur, l'assurance de ma sincère affection.

AU MARQUIS DE LAROCHEJACQUELEIN.

26 *mars* 1849.

On vient, mon cher Larochejacquelein, de m'envoyer de Paris le prospectus de l'association que vous voulez fonder au profit des classes ouvrières. Je m'empresse de vous féliciter de la noble et généreuse pensée que vous avez conçue et à laquelle je m'unis de tout cœur. On vous remettra ma faible offrande. Ah ! combien je regrette que le malheur des temps et mon triste éloignement de la France ne me permettent pas de protéger, de patronner d'une manièré plus efficace des établissements destinés à faire tant de bien ! Mais mon exemple, je l'espère, sera suivi par tous mes amis; ils voudront ainsi m'aider encore une fois à témoigner toute ma sympathie, toute ma sollicitude pour les maux de la patrie.

Je vous renouvelle, mon cher Larochejacquelein, l'assurance de ma sincère et constante affection.

AU DUC DES CARS.

26 *mars* 1849.

C'est avec un bien vif empressement, mon cher Duc, que je viens offrir cette année, comme les précédentes, mon faible tribut à l'œuvre de Saint-Louis. Dans la souffrance générale, il faut que chacun fasse ses efforts pour venir au secours du malheur. Les infortunes que soulage l'association formée sous les auspices du saint Roi ont un caractère qui les rend encore plus sacrées pour nous. Je suis donc bien sûr de la charité de mes amis ; loin de se ralentir à la vue de la misère toujours croissante, elle sentira la nécessité de redoubler de zèle et de s'imposer de nouveaux sacrifices afin de soutenir cette association salutaire et de lui donner les moyens de continuer à remplir sa bienfaisante mission. Je leur en fais d'avance tous mes remerciements, et je vous renouvelle à vous-même, mon cher Duc, l'assurance de ma bien sincère et constante affection.

AUX OUVRIERS DE PARIS.

25 *août* 1849.

C'est avec l'émotion la plus vive que j'ai reçu le témoignage qui m'a été offert par des ouvriers de tous les états de la ville de Paris. J'ai été profondément touché de voir leurs délégués venir me trouver sur la terre étrangère, et je les charge d'être auprès de tous leurs camarades les interprètes de ma gratitude et de mon affection. Apprendre que mon nom est prononcé avec sympathie dans mon pays, dans ma ville natale, c'est la plus grande consolation que je puisse recevoir dans l'exil.

En parcourant les listes nombreuses qui m'ont été apportées, j'ai été heureux et fier de compter tant d'amis dans les classes laborieuses. Etudiant sans cesse les moyens de leur être utile, je connais leurs besoins, leurs souffrances, et mon regret le plus grand est que mon éloignement de la patrie me prive du bonheur de leur venir en aide et d'améliorer leur sort. Mais un jour viendra, c'est mon espoir le plus cher, un jour viendra où il me sera donné de servir la France et de mériter son amour et sa confiance.

AU DUC DE REGGIO.

15 *septembre* 1849.

Mon cousin, comme Français, comme fils aîné de l'Église, je ne pouvais rester étranger au grand fait d'armes que vous venez d'accomplir. Rome rendue à son souverain légitime, la ville des apôtres ramenée sous l'obéissance de celui qui a hérité de leur mission divine, ce sont là d'illustres souvenirs qui demeureront attachés aux armées françaises. J'ai éprouvé un vif sentiment de joie, en voyant nos soldats ajouter cette gloire nouvelle à tant d'autres gloires qui sont notre patrimoine à tous. Je ne suis pas moins heureux de penser que c'est vous qui avez rempli cette belle et haute mission ; que c'est à vous qu'appartient l'honneur et en est due la reconnaissance. Votre épée a été digne de celle de votre noble père, du guerrier de Zurich, de Friedland et de Wagram. Quoique les portes de la patrie me soient fermées encore, et que ma position me prive du bonheur de distribuer les récompenses nationales justement acquises à la valeur et aux services rendus, je sens cependant le besoin de vous donner ici le témoignage de ma satisfaction personnelle, auquel je sais que vous attachez du prix.

Je vous renouvelle, mon cousin, l'assurance de toute mon estime et de ma bien sincère et constante affection.

AU COMTE D'ARGY.

30 *septembre* 1849.

J'ai reçu, Monsieur le Comte, votre lettre et le travail dont elle était accompagnée. Je les ai lus avec beaucoup d'attention et d'intérêt. Sans cesse occupé des grandes questions qui ont pour objet d'améliorer le sort des classes laborieuses et indigentes, je vois avec plaisir mes amis prendre l'initiative de tout ce qui peut amener à cet égard d'heureux résultats. J'approuve donc votre plan, et je souhaiterais qu'il fût possible d'établir dans tous les départements, des associations semblables. Dites à MM. Leroux et Oson que je suis touché des soins qu'ils se donnent pour vous seconder dans l'accomplissement d'une œuvre aussi utile. Quant à vous, Monsieur le Comte, je sais que l'on vous trouve toujours lorsqu'il s'agit de servir la sainte et noble cause dont le triomphe doit assurer le bonheur et la gloire de la France. Comptez sur toute ma gratitude, comme sur ma bien sincère et constante affection.

AU MARQUIS DE BAUSSET.

1er *novembre* 1849.

Je veux vous remercier moi-même, Monsieur le Marquis, de la lettre que vous m'avez écrite et de l'excellent ouvrage que vous venez de m'envoyer. Je l'ai lu avec d'autant plus d'attention et d'intérêt que les questions que vous traitez, questions de vie et d'avenir pour la France, font le sujet constant de mes études et de mes plus sérieuses réflexions. Rappeler à tous que les droits ne peuvent naître que de l'accomplissement des devoirs ; que le seul moyen de combattre efficacement le paupérisme et ces doctrines pernicieuses qui le rendent plus dangereux encore, est de travailler sans relâche à l'amélioration à la fois religieuse, intellectuelle, morale et matérielle des classes malheureuses. Telle est la mission que vous vous êtes donnée. Je vous félicite de la manière dont vous l'avez remplie, et j'espère que vos nobles efforts ne seront pas sans utilité. Quant à moi, vous le savez, le plus beau jour de ma vie sera celui où la Providence daignera m'appeler à me dévouer tout entier au salut et au bonheur de notre chère patrie.

Je viens de faire une visite à ma mère ; elle m'a beaucoup parlé des services que vous avez rendus, des sentiments de fidélité et de dévouement dont vous avez fait preuve, il y a quelques années. Je suis heureux de trouver cette occasion de vous en exprimer ma gratitude, et de vous donner l'assurance de mon estime et de mon affection.

A MONSIEUR BENOIST-D'AZY, député du Cher.

16 *novembre* 1849.

J'ai reçu, Monsieur, votre lettre et le remarquable rapport dont elle était accompagnée. C'est, comme vous le dites si bien, en revenant aux vrais principes de la charité chrétienne, c'est en ranimant au sein des classes pauvres cet esprit de famille qui tend à s'éteindre, que l'on peut arriver enfin à la solution du grand problème qui préoccupe aujourd'hui, avec tant de raison, tous les bons esprits et tous les cœurs généreux. Pour moi, toujours attentif à tout ce qui peut assurer l'avenir du pays, je suis charmé de voir mes amis prendre en main la cause des malheureux et chercher tous les moyens d'améliorer leur sort, sans les flatter cependant d'espérances trompeuses. Je saisis avec empressement cette occasion de vous exprimer ma gratitude de tout ce que vous faites pour être utile à notre chère patrie. Servir la France est la meilleure preuve d'attachement que vous puissiez me donner. Faites mes compliments à votre fils, dont je n'oublie pas la bonne visite, et recevez, Monsieur, l'assurance de toute mon estime et de ma bien sincère affection.

A MONSIEUR BERRYER.

15 *avril* 1850.

Je n'ai pu lire, Monsieur, sans partager l'admiration générale, le discours que vous avez prononcé dans la séance du 2 avril. La sainte cause que vous défendiez se confond avec celle de la France. C'est donc un service de plus que vous venez de lui rendre. J'ai voulu vous en exprimer ma gratitude particulière et vous dire en même temps tout le prix que j'attache à ce que vous ne laissiez jamais échapper une occasion de prêter aux grands intérêts de la patrie l'appui de votre dévouement sans bornes et de votre puissante parole. C'est là une mission glorieuse que vous poursuivez, j'en suis bien sûr, avec un zèle égal au talent que vous avez reçu du ciel et qui ne peut manquer d'être couronné de nouveaux succès.

Je suis heureux de pouvoir vous renouveler ici l'assurance de ma bien sincère et constante affection.

NOTA. Le *Moniteur* du 2 avril 1850 rapporte une des plus heureuses improvisations de Berryer, qui fit justice, comme rapporteur du budget, d'une proposition ne tendant à rien moins qu'à désorganiser le clergé de France. Le succès du puissant orateur fut tel que, sur 516 votants, 434 se prononcèrent contre l'insidieux amendement.

A MESSIEURS LES MEMBRES DE LA COMMISSION DE LA LOIRE-INFÉRIEURE ET DE LA VENDÉE.

28 *avril* 1850.

Vous vous êtes empressés, Messieurs, à la première nouvelle de la catastrophe du pont d'Angers, d'envoyer mille francs en mon nom pour la souscription ouverte en faveur des victimes de cet affreux événement. Fidèles enfants de la Bretagne et de la Vendée, si fécondes en nobles sentiments et en inspirations généreuses, vous n'avez pas douté un seul instant que mon cœur, cruellement déchiré comme les vôtres au récit de ce lamentable désastre, ne vous fût reconnaissant de ce que vous auriez fait pour contribuer à l'adoucir ou à le réparer. Je vous remercie d'avoir si bien deviné ma pensée et interprété mes intentions. Car si tous les Français malheureux ont droit à nos sympathies, combien plus encore ceux que vous venez de secourir, puisqu'ils appartiennent à cette brave armée, toujours prête à verser son sang pour la défense ou pour la gloire de la patrie.

Vous ne serez donc pas étonnés que je vous adresse, pour mon compte personnel, une somme égale à celle que vous avez déjà envoyée, en vous chargeant de la faire parvenir à la même destination. Trop heureux que ma faible offrande puisse concourir à soulager tant d'infortunes et à consoler tant de douleurs ! Soyez les interprètes de ma gratitude auprès de tous ceux de vos compatriotes qui se sont fait ou se feront un devoir de s'associer à vos charitables efforts, et recevez, Messieurs, l'assurance de toute mon estime et de ma bien sincère affection.

AU DUC DE VALMY.

16 *mai* 1850.

J'ai lu avec beaucoup d'intérêt votre dernier écrit, mon cher Duc ; vous y faites toucher au doigt et le mal et le remède. Le mal vient des atteintes portées depuis plus d'un demi-siècle aux grands principes sur lesquels repose tout l'ordre social et politique, et le remède c'est le retour à ces principes sacrés. Tout ce qui pourrait être encore essayé hors de là n'aboutirait qu'à des révolutions nouvelles et au triomphe plus ou moins prochain, mais infaillible, des fatales doctrines dont le but est le bouleversement et l'entière destruction de la société. C'est ce que tout lecteur impartial de votre livre ne pourra s'empêcher de reconnaître. Sa publication est donc un véritable service rendu à la France, et pour ma part je vous en remercie. Je sais qu'une proposition vous a été faite, et que vous n'avez pas voulu l'accepter qu'après vous être assuré que je l'approuvais. J'ai bien reconnu là toute la délicatesse de votre noble cœur, et j'en ai été vivement touché.

J'ai fait vos commissions auprès de ma tante et de ma femme, qui me chargent de leurs compliments pour vous. Dites les choses les plus affectueuses à la duchesse de Valmy. Parlez aussi de moi à Henriette, et croyez toujours vous-même, mon cher Duc, à ma bien sincère affection.

NOTA. M. de Valmy venait de publier une étude politique intitulée : *Du droit de la force et de la force du droit.*

A MESSIEURS LES MEMBRES DE LA COMMISSION DU MORBIHAN.

30 *mai* 1850.

J'apprends, Messieurs, que vous venez de faire ce que je demandais par ma lettre du 10 mars relative aux divers hommages que plusieurs départements avaient résolu de m'adresser. Dignes enfants de la Bretagne, je vous ai bien reconnus et à votre empressement à m'offrir ce nouveau témoignage de votre dévouement, et à la déférence avec laquelle vous vous êtes conformés à mes intentions. Je vous prie de m'envoyer les listes de souscription du Morbihan. Je désire conserver les noms de tous ceux qui se sont unis à vous dans cette pensée de fidélité. Soyez auprès d'eux l'interprète de ma gratitude, et recevez, Messieurs, l'assurance de toute mon estime et de ma bien sincère affection.

A MESSIEURS LES MEMBRES DE LA COMMISSION DE LA SOUSCRIPTION DU DÉPARTEMENT DE L'HÉRAULT.

8 *juin* 1850.

Ayant appris, Messieurs, qu'une souscription avait été ouverte dans votre département pour m'offrir un service de linge damassé qui a appartenu au roi Louis XVI, j'ai voulu exprimer moi-même à tous mes amis de l'Hérault ma profonde gratitude pour la touchante preuve de souvenir qu'ils ont eu l'intention de me donner. Mais, comme j'ai refusé, pour des motifs qui vous sont connus, tous les hommages de ce genre qui m'ont été offerts par d'autres départements, je me vois avec un vif regret dans l'impossibilité d'accepter, du moins pour le moment, celui qui m'est annoncé de votre part, quelque précieux qu'il me soit à tant de titres.

Je vous prie donc, Messieurs, de rester dépositaires du don qui m'était destiné. C'est de vos mains que je veux le recevoir dans des temps plus heureux, en France, à Montpellier, quand les portes de la patrie me seront enfin ouvertes. Mais je demande que les listes de souscription me soient immédiatement envoyées, désirant connaître et conserver les noms de tous ceux qui se sont unis à vous dans cette pensée de dévouement et de fidélité. Soyez auprès d'eux les interprètes de mes sentiments, et croyez vous-mêmes, Messieurs, à toute mon estime et à ma bien sincère affection.

AUX FRANÇAIS VENUS A WIESBADEN.

Août 1850.

« Venez, Messieurs, que je vous serre encore une fois autour de moi pour vous dire.... non pas adieu, mais au revoir.... pour vous remercier d'avoir quitté vos familles, vos affaires pour accourir auprès de moi. Dites à vos amis, à nos amis qui n'ont pu vous accompagner que je sais qu'ils partagent vos sentiments, et que mon cœur en est profondément touché. J'ai voulu recevoir chacun de vous en particulier, et connaître vos pensées, vos craintes, vos espérances. J'ai vu avec bonheur dans la liberté de ces conversations qu'unis entre vous par les principes et par la pensée d'un même but, vous l'êtes aussi par une mutuelle confiance.

« Mes intentions, mes désirs, la ligne de conduite à suivre, rien de tout cela ne vous a été caché. Je veux vous répéter à tous que si vous voulez le triomphe de notre noble et sainte cause qui est celle de la France, il faut union et discipline. Montrez-vous donc inébranlables sur les principes, modérés et conciliants pour les personnes. Celui que vous regardez comme votre chef, comme votre roi, et qui, je puis le dire, est le meilleur de vos amis, ne vous donnera jamais d'autre exemple.

« Les événements peuvent faire naître soudainement de graves questions, tandis que je serai encore loin de vous. Je vous ai dit quels amis ont toute ma confiance parce qu'ils ont la vôtre. Votre accord et le leur résoudront les difficultés. Vous avez pour guides assurés de vos résolutions, votre attachement au droit héréditaire de la couronne, votre foi dans les libertés nationales, et cet amour vrai du pays qui est la plus forte des garanties pour la société menacée.

« Mais si la France, si notre cher pays était jamais en péril, ah ! dites bien à ceux qui ne peuvent m'entendre comme je serais fier et heureux de voler le premier à sa défense. Retournez-y donc, Messieurs, dans cette chère patrie, retournez-y en attendant que je vous y rejoigne. Quels que soient les événements, comptez sur moi, comme j'aime à compter sur vous. »

AU DUC DE NOAILLES.

22 *décembre* 1850.

Je vous remercie, mon cher Duc, de votre lettre du 2 décembre et des sages réflexions qu'elle renferme. Je vous prie de remercier aussi pour moi l'auteur de la note que vous m'avez envoyée. Rien ne peut m'être plus précieux que ces communications d'un homme si bien placé sous tous les rapports pour juger la situation et indiquer ce qu'il convient de faire. J'ai reconnu dans ces pages remarquables la supériorité d'esprit, la haute capacité et la longue expérience de celui qui les a dictées ; et je les ai lues avec d'autant plus d'intérêt et de satisfaction que, sur la plupart des points, et à quelques différences près, je partage les pensées et les vues qu'elles expriment. Je sais toutes les difficultés que rencontre le retour au principe de l'hérédité monarchique tant de la part de ceux qui le combattent que souvent même par le fait de ceux qui le défendent ; et ces divers obstacles, je sens qu'il est en moi de les faire disparaître. Aussi me suis-je constamment efforcé de prouver par mes paroles comme par ma conduite, que si la Providence m'appelle à régner un jour, je ne serai pas le Roi d'une seule classe, mais le roi ou plutôt le père de tous.

Partout et toujours je me suis montré accessible à tous les Français, sans distinction de classes et de conditions. Je les ai tous vus, tous écoutés, tous admis à se presser autour de moi. Vous en avez vous-même été le témoin. Comment, après cela, pourrait-on encore me soupçonner de ne vouloir être que le Roi d'une caste privilégiée, ou, pour employer les termes dont on se sert, le Roi de l'ancien régime, de l'ancienne noblesse, de l'ancienne cour? J'ai toujours cru, et je suis heureux de me voir ici d'accord avec les meilleurs esprits, que désormais la cour ne peut plus être ce qu'elle était autrefois.

J'ai toujours cru également qu'il faut que toutes les forces du pays, que toutes les classes de la nation s'unissent pour travailler de concert au salut commun, y contribuant, les unes par leur expérience des affaires, les autres par l'utile influence qu'elles doivent à leur position sociale. Il faut que toutes soient engagées dans cette lutte du bien contre le mal, que toutes y apportent le concours de leur zèle et de leur active coopération, que toutes y prennent leur part de responsabilité, afin d'aider loyalement et efficacement le pouvoir à fonder un gouvernement qui ait tous les moyens de remplir sa haute mission et qui soit durable. Toujours aussi j'ai eu l'intime conviction qu'il n'y a que la monarchie restaurée sur la base du droit héréditaire et traditionnel qui, répondant à tous les besoins de la société telle que l'ont faite les événements accomplis depuis plus d'un demi-siècle, puisse concilier tous les intérêts, sauvegarder tous les droits acquis et mettre la France en pleine et irrévocable possession de toutes les sages libertés qui lui sont nécessaires.

J'apprécie tous les services qui ont été rendus à la patrie; je tiens compte de tout ce qui a été fait à différentes époques pour la préserver des maux extrêmes dont elle était et dont elle est encore menacée. J'appelle tous les dévouements, tous les esprits éclairés, toutes les âmes généreuses, tous les cœurs droits, dans quelques rangs qu'ils se trouvent, et sous quelque drapeau qu'ils aient combattu jusqu'ici, à me prêter l'appui de leurs lumières, de leur bonne volonté, de leurs nobles et unanimes efforts pour sauver le pays, assurer son avenir, et lui préparer, après tant d'épreuves, de vicissitudes et de malheurs, de nouveaux jours de gloire et de prospérité.

Telles ont été dans tous les temps, mon cher Duc, et telles sont encore mes dispositions et mes vues. En toute rencontre je les ai hautement proclamées; je n'ai rien négligé pour les inculquer à mes amis, et si, dans une circonstance récente, j'ai manifesté le désir de leur imprimer une direction, c'était justement pour faire prévaloir parmi eux cet esprit de modération et de conciliation qui convient à la cause de l'ordre, de la justice et de la vérité. Je continuerai à marcher dans cette voie. Je saisirai toutes les occasions de dire ce que je veux, et j'espère que le jour n'est pas loin, où, malgré les clameurs de la malveillance et de la passion, tous les hommes raisonnables de tous les partis sauront, ce que vous savez vous-même depuis longtemps, que je n'ai qu'une pensée, une intention, une volonté : c'est de servir la France et de me dévouer tout entier à son bonheur.

Croyez toujours, mon cher Duc, à ma bien sincère affection.

AU COMTE MOLÉ.

26 *décembre* 1850.

Je veux aujourd'hui, Monsieur le Comte, vous remercier moi-même de tout ce que vous faites pour une cause qui n'est pas seulement la mienne, mais celle de la France entière. Votre seconde note vient de m'être remise ; je l'ai lue avec autant d'intérêt que la précédente, et je vous en exprime ici ma vive gratitude. Soyez bien convaincu que je prendrai en considération les sages conseils de votre longue expérience. Je vous prie de me les continuer en toute occasion, et toutes les fois que vous le jugerez utile. Je les recevrai toujours avec une véritable reconnaissance. Combien je suis heureux de voir les esprits les plus élevés et les plus nobles cœurs s'unir à moi pour travailler tous ensemble et de concert au salut commun ! Avec l'aide du ciel, le succès ne peut manquer de couronner enfin nos efforts, et vous aurez compté pour votre part à l'accomplissement de ce grand ouvrage.

Faites mes compliments les plus affectueux à M. et à Mme de la Ferté, et croyez vous-même, Monsieur le Comte, à toute mon estime et à ma bien sincère affection.

A MONSIEUR BERRYER.

Venise, 23 *janvier* 1851.

Mon cher Berryer, j'achève à peine de lire le *Moniteur* du 17 janvier, et je ne veux pas perdre un instant pour vous témoigner toute ma satisfaction, toute ma reconnaissance pour l'admirable discours que vous avez prononcé dans la séance du 16. Vous le savez, quoique j'aie la douleur de voir quelquefois mes pensées et mes intentions dénaturées et méconnues, l'intérêt de la France, qui, pour moi, passe avant tout, me condamne souvent à l'inaction et au silence, tant je crains de troubler son repos et d'ajouter aux difficultés et aux embarras de la situation actuelle. Que je suis donc heureux que vous ayez si bien exprimé des sentiments qui sont les miens, et qui s'accordent parfaitement avec le langage et la conduite que j'ai tenus dans tous les temps !

Vous vous en êtes souvenu ; c'est bien là cette politique de conciliation, d'union, de fusion, qui est la mienne, et que vous avez si éloquemment exposée; politique qui met en oubli toutes les divisions, toutes les récriminations, toutes les oppositions passées, et veut pour tout le monde un avenir où tout honnête homme se sente, comme vous l'avez si bien dit, en pleine possession de sa dignité personnelle.

Dépositaire du principe fondamental de la monarchie, je sais que cette monarchie ne répondrait pas à tous les besoins de la France, si elle n'était pas en harmonie avec son état social, ses mœurs et ses intérêts, et si la France n'en reconnaissait et n'en acceptait avec confiance la nécessité. Je respecte mon pays autant que je l'aime. J'honore sa civilisation et sa gloire contemporaine autant que les traditions et les souvenirs de son histoire. Les maximes qu'il a fortement à cœur et que vous avez rappelées à la tribune, l'égalité devant la loi, la liberté de conscience, le libre accès pour tous les mérites à tous les emplois, à tous les honneurs, à tous les avantages sociaux, tous ces grands principes d'une société éclairée et chrétienne me sont chers et sacrés comme à vous, comme à tous les Français.

Donner à ces principes toutes les garanties qui leur sont nécessaires par des institutions conformes aux vœux de la nation, et fonder, d'accord avec elle, un gouvernement régulier et stable, en le plaçant sur la base de l'hérédité monarchique et sous la garde des libertés publiques à la fois fortement réglées et loyalement respectées, tel serait l'unique but de mon ambition. J'ose espérer qu'avec l'aide de tous les bons citoyens, de tous les membres de ma famille, je ne manquerais ni de courage ni de persévérance pour accomplir cette œuvre de restauration nationale, seul moyen de rendre à la France ces longues perspectives de l'avenir sans lesquelles le présent, même tranquille, demeure inquiet et frappé de stérilité.

Après tant de vicissitudes et d'essais infructueux, la France, éclairée par sa propre expérience, saura, j'en ai la ferme confiance, reconnaître elle-même où sont ses meilleures destinées. Le jour où elle sera convaincue que le principe traditionnel et séculaire de l'hérédité monarchique est la plus sûre garantie de la stabilité de son gouvernement, du développement de ses libertés, elle trouvera en moi un Français dévoué, empressé de rallier autour de lui toutes les capacités, tous les talents, toutes les gloires, tous les hommes qui, par leurs anciens services, ont mérité la reconnaissance du pays.

Je vous renouvelle, mon cher Berryer, tous mes remerciements, et vous demande de continuer, toutes les fois que l'occasion vous en sera offerte, à prendre la parole, comme vous venez de le faire avec tant de bonheur et d'à-propos. Faisons connaître de plus en plus à la France nos pensées, nos vœux, nos loyales intentions, et attendons avec confiance ce que Dieu lui inspirera pour le salut de notre commun avenir.

Comptez toujours, mon cher Berryer, sur ma sincère affection.

AU COMTE DE SALVANDY.

17 *mars* 1851.

Je veux vous dire moi-même, Monsieur le Comte, tout le plaisir que j'ai eu à recevoir votre lettre. Apprendre par des hommes qui, comme vous, connaissent la France, que mes paroles ont pu pénétrer dans les cœurs et dissiper de fâcheuses préventions, c'est assurément la meilleure nouvelle, la plus grande consolation qui puisse m'arriver dans l'exil. J'ai lu avec beaucoup d'intérêt tous les détails que vous me donnez ; ils sont de bon augure. Espérons que cette grande œuvre d'union et de conciliation que je hâte de tous mes vœux s'accomplira bientôt. Dieu veuille que ce soit assez à temps pour épargner à notre chère patrie tous les malheurs dont elle est menacée. Voilà le point essentiel et dont il faut se préoccuper avant tout. Aussi est-ce là le sujet de toutes mes craintes, de toutes mes sollicitudes. Que les hommes de cœur, que tous ceux qui aiment sincèrement leur pays, unissent leurs efforts aux miens, et la France sera sauvée.

Vous savez, Monsieur le Comte, que je saisis avec empressement les occasions qui s'offrent à moi pour vous renouveler l'assurance de toute mon estime et de ma constante affection.

AU VICOMTE CHIFFLET.

31 *mars* 1851.

Votre lettre m'a fait plaisir, mon cher Vicomte, et je veux vous dire moi-même que j'ai parcouru avec beaucoup d'intérêt les feuilles que vous m'avez envoyées. C'est une œuvre éminemment utile et méritoire que celle dont vous vous occupez. Je trouve là une nouvelle preuve de votre fidèle dévouement, de votre zèle éclairé, et j'aime à vous en exprimer toute ma gratitude. Continuez à répandre parmi le peuple les idées de religion, de morale, d'ordre; c'est le meilleur moyen de préserver de ces funestes doctrines par lesquelles on cherche et l'on ne réussit que trop souvent à l'égarer. Lors même que vous n'obtiendriez pas tous les résultats politiques que vous espérez, je ne vous serais pas moins reconnaissant de vos efforts, car c'est à la France, à son salut, à son bonheur, qu'il faut penser avant tout.

Je vous renouvelle, mon cher Vicomte, l'assurance de toute mon estime et de ma bien sincère et constante affection.

A MESSIEURS LES INSTITUTEURS PRIVÉS DE LA VILLE DE PARIS.

15 *octobre* 1851.

J'ai reçu la lettre qui m'a été envoyée par plusieurs instituteurs privés de la ville de Paris, et j'ai été vivement touché des expressions de dévouement et de fidélité qu'elle renferme. Ayant dans le cœur de si nobles sentiments, ils ne peuvent manquer de les inspirer aux enfants confiés à leurs soins. Élever ainsi la jeunesse, c'est rendre à la France le plus grand service. Aussi ai-je voulu les remercier moi-même, en leur donnant l'assurance de ma bien sincère affection.

A MONSIEUR L'ÉVÊQUE D'ARRAS.

30 *novembre* 1851.

Monsieur l'Évêque, dans le tribut de vénération et de regrets payé par la France entière à la mémoire de ma sainte et bien-aimée tante, je me plais à voir comme vous un hommage rendu non-seulement à la double majesté de la vertu et du malheur, mais encore aux grands principes sur lesquels repose tout notre avenir. Aussi ce deuil universel de la patrie, cette affluence dans les temples, ces prières et ces larmes au souvenir de celle qui a passé ici-bas en souffrant et en faisant le bien, sont pour moi une douce consolation, et tout ensemble un puissant motif de croire que le ciel aura pitié de nous, et qu'aux jours de la justice succéderont bientôt les jours de la miséricorde. La lettre que vous m'avez écrite me prouve que cette espérance est aussi la vôtre. Je ne puis assez vous dire combien j'ai été touché des sentiments dont elle renferme l'expression.

Recevez-en ici tous mes remerciements, avec la nouvelle assurance de ma bien sincère affection.

RÉPONSE A UNE ADRESSE DE BORDEAUX.

2 *décembre* 1851.

Vous savez, Messieurs, combien m'a toujours été chère la fidèle cité dont le nom, que j'ai porté moi-même en des temps plus heureux, rappelle un des plus nobles souvenirs de l'admirable vie de ma sainte et bien-aimée tante, objet aujourd'hui d'un deuil si profond et de si unanimes regrets. Aussi ai-je été vivement touché du témoignage d'intérêt et de douloureuse sympathie que vous avez donné dans cette triste circonstance, et je veux vous en faire ici mes bien sincères remerciements. Ma femme, dont le cœur n'est pas moins français que le mien, et qui aime Bordeaux aux mêmes titres que moi, a été également très sensible à ce que vous lui avez écrit, et elle me charge de vous en exprimer sa gratitude.

Recevez, Messieurs, la nouvelle assurance de toute mon affection.

A MONSIEUR DE CORCELLES.

28 *février* 1852.

J'ai lu, Monsieur, avec un grand intérêt et une vive satisfaction les dernières notes que vous m'avez transmises. La situation y est parfaitement appréciée ; les questions relatives au présent et à l'avenir y sont mises dans leur vrai jour, et sur presque tous les points vos pensées s'accordent avec les miennes. Vous êtes convaincu, comme moi, et bientôt, j'espère, tous les bons esprits, toutes les consciences droites, surtout les hommes éminents dont vous me parlez et qui reviennent à nous, partageront pleinement cette conviction que, hors de la monarchie héréditaire, il n'y a ni repos, ni grandeur, ni prospérité durable pour le pays, condamné par une nécessité fatale à passer incessamment de la licence à l'oppression, de l'anarchie au despotisme ; et que c'est uniquement à l'ombre du principe tutélaire de la royauté traditionnelle que peut se réaliser l'alliance si désirée d'une autorité forte et d'une sage liberté. Ce n'est pas d'aujourd'hui que j'ai reconnu et proclamé ces deux conditions essentielles du gouvernement qui convient à la France, et qui peut seul la rendre de nouveau paisible et unie au dedans, puissante et glorieuse au dehors. Dans tous les temps et en toute occasion, de vive voix et par écrit, je n'ai pas cessé de manifester mes sentiments à cet égard, et nul ne pourrait les révoquer en doute. Aussi, loin de repousser personne, je serai heureux au contraire d'accueillir tous les hommes utiles, dans quelqne situation politique qu'ils se soient trouvés, à quelque nuance d'opinion qu'ils appartiennent, pourvu qu'ils apportent au service de l'Etat un zèle éclairé et un véritable dévouement; car, si la Providence m'appelle à remonter un jour sur le trône de mes pères, je n'aurai pas trop du concours de tous les talents, de toutes les capacités, de tous les cœurs qui aiment sincèrement leur patrie, pour m'aider à remplir les grands devoirs qui me seront imposés. Du reste, je me tiens prêt à tout ce que le ciel peut ordonner de moi. Quoi qu'il arrive, j'aurai mon plan, mes résolutions, mes mesures arrêtées, et, le moment venu, je serai à mon poste, bien décidé à me sacrifier tout entier pour le bonheur de la France. Nous avons été charmés de revoir M. de Barberey. J'ai eu avec lui de longs entretiens dont il vous rendra compte. Je m'en réfère donc, pour les détails, à ce qu'il vous redira de ma part. Je le charge bien spécialement de vous renouveler l'assurance de toute mon estime et de toute mon affection.

Frohsdorf, 25 *octobre* 1852.

MANIFESTE

(Publié dans le *Moniteur universel* le 15 novembre suivant).

« Français, en présence des épreuves de ma patrie, je me suis volontairement condamné à l'inaction et au silence. Je ne me pardonnerais pas d'avoir pu un seul moment aggraver ses embarras et ses périls. Séparé de la France, elle m'est chère et sacrée autant et plus encore que si je ne l'avais jamais quittée. J'ignore s'il me sera donné de servir un jour mon pays ; mais je suis bien sûr qu'il n'aura pas à me reprocher une parole, une démarche qui puisse porter la moindre atteinte à sa prospérité et à son repos. C'est son honneur comme le mien, c'est le soin de son avenir, c'est mon devoir envers lui, qui me décident à élever aujourd'hui la voix.

« Français, vous voulez la monarchie, vous avez reconnu qu'elle seule peut vous rendre avec un gouvernement régulier et stable, cette sécurité de tous les droits, cette garantie de tous les intérêts, cet accord permanent d'une autorité forte et d'une sage liberté, qui fondent et assurent le bonheur des nations. Ne vous livrez pas à des illusions qui tôt ou tard vous seraient funestes. Le nouvel Empire qu'on vous propose ne saurait être cette monarchie tempérée et durable dont vous attendez tous ces biens. On se trompe et on vous trompe, quand on vous les promet en son nom. La monarchie véritable, la monarchie traditionnelle, appuyée sur le droit héréditaire et consacrée par le temps, peut seule vous remettre en possession de ces précieux avantages, et vous en faire jouir à jamais.

« Le génie et la gloire de Napoléon Ier n'ont pu suffire à fonder rien de stable ; son nom et son souvenir y suffiraient bien moins encore. On ne rétablit pas la sécurité en ébranlant le principe sur lequel repose le trône, et on ne consolide pas tous les droits en méconnaissant celui qui est parmi nous la base nécessaire de l'ordre monarchique. La monarchie en France, c'est la maison royale de France indissolublement unie à la nation. Mes pères et les vôtres ont traversé les siècles, travaillant de concert, selon les mœurs et les besoins du temps, au développement de notre belle patrie. Pendant quatorze cents ans, seuls entre tous les peuples de l'Europe, les Français ont toujours eu à leur tête des Princes de leur nation et de leur sang. L'histoire de mes ancêtres est l'histoire de la grandeur progressive de la France, et c'est encore la monarchie qui l'a dotée de cette conquête d'Alger, si riche d'avenir, si riche déjà par les hautes renommées militaires qu'elle a créées, et dont la gloire s'ajoute à toutes vos gloires.

« Quels que soient sur vous et sur moi les desseins de Dieu, resté chef de l'antique race de vos Rois, héritier de cette longue suite de monarques, qui, durant tant de siècles, ont nécessairement accru et fait respecter la puissance et la fortune de la France, je me dois à moi-même, je dois à ma famille et à ma patrie de protester hautement contre des combinaisons mensongères et pleines de dangers. Je maintiens donc mon droit qui est le plus sûr garant des vôtres, et prenant Dieu à témoin, je déclare à la France et au monde que, fidèle aux lois du royaume et aux traditions de mes aïeux, je conserverai religieusement jusqu'à mon dernier soupir le dépôt de la monarchie héréditaire dont la Providence m'a confié la garde, et qui est l'unique port de salut où, après tant d'orages, cette France, objet de tout mon amour, pourra retrouver enfin le repos et le bonheur. »

A MONSIEUR L'ÉVÊQUE DE LUÇON.

9 *décembre* 1852.

Monsieur l'Évêque, je suis convaincu comme vous qu'un des plus sûrs moyens de remédier aux maux présents de la France, et de lui préparer un meilleur avenir, est de pourvoir à l'éducation religieuse et morale de la jeunesse, sur qui reposent les plus douces espérances de la patrie. Aussi ai-je appris avec une vive satisfaction que le bâtiment du collége catholique vendéen, commencé par vos soins dans votre diocèse il y a dix-huit mois, avance rapidement et sera bientôt terminé. J'ai appris avec un égal bonheur que vous avez été admirablement secondé dans cette belle et pieuse entreprise par le concours généreux des excellentes populations au sein desquelles s'élève ce monument de votre zèle pastoral.

C'est donc de grand cœur que je viens aujourd'hui joindre ma modeste offrande à celles que vous avez déjà reçues pour cet important objet. Je n'ai qu'un regret, c'est que la modicité de mes ressources et la multiplicité croissante des besoins ne me permettent pas de faire davantage. Je me félicite du moins, en m'associant aux mérites de cette bonne œuvre, de pouvoir donner ainsi à la fidèle Vendée un nouveau témoignage de mes sentiments bien sincères, et à vous, Monsieur l'Évêque, une nouvelle preuve de ma constante affection.

A MONSIEUR DE BELLEVAL.

6 *février* 1853.

Je lis assidûment la *Revue contemporaine*, Monsieur, et je veux vous dire ici combien je suis heureux de voir des hommes éminents, des écrivains distingués s'y donner rendez-vous pour défendre de concert, avec la double autorité de la raison et du talent, les grands principes sur lesquels repose l'ordre social tout entier. Quoi de plus utile, surtout dans ce temps de tristes défaillances, où toutes les notions du vrai et du faux, du juste et de l'injuste sont confondues, que de rappeler au pays, qui semble l'avoir oublié, que la royauté est l'œuvre des siècles et non d'un jour d'anarchie et de révolte; que nul empire ne peut subsister sans la tradition monarchique; que c'est la monarchie qui a fait la France grande, forte, compacte; que la France s'est toujours personnifiée dans ses Rois; que la politique du pouvoir royal rétabli après nos malheurs a été constamment noble, digne, respectée; que les lettres ont refleuri à l'ombre tutélaire de la royauté traditionnelle succédant au despotisme impérial, enfin que c'est avec justice que l'histoire flétrit les excès monstrueux des tyrans révolutionnaires, et qu'elle rend un douloureux et touchant hommage à la sainte mémoire de leurs augustes et innocentes victimes. Or, tels sont les graves et salutaires enseignements que font entendre dans l'excellente feuille périodique que vous dirigez, les auteurs des remarquables articles auxquels je viens de faire allusion. Je les en remercie bien sincèrement pour ma part, et je suis charmé de pouvoir vous assurer vous-même, Monsieur, de ma vive gratitude et de toute mon affection.

AU DUC DE LEVIS.

26 *juin* 1853.

Je vous remercie, mon cher Duc, du compte si consciencieux que vous me rendez des dispositions et de l'état actuel des esprits dans les diverses nuances de l'union monarchique. Leur union complète a toujours été, vous le savez, l'objet de mes vœux et de mes efforts. Je m'étonne et je m'afflige que des doutes puissent s'élever sur mes intentions. Dans la lettre que j'ai écrite de Venise, le 23 janvier 1851, à M. Berryer, et qui heureusement a reçu une si grande publicité, j'ai indiqué les bases sur lesquelles l'union peut et doit s'accomplir. Ainsi que je l'ai dit : « Les maximes que j'ai fortement à cœur : l'égalité devant la loi, la liberté de conscience, le libre accès pour tous les mérites à tous les emplois, à tous les honneurs, à tous les avantages sociaux, tous les grands principes d'une société éclairée et chrétienne me sont chers et sacrés comme à tous les Français. Mon unique ambition serait de donner à ces principes toutes les garanties qui leur sont nécessaires par des institutions conformes aux vœux de la nation, et de fonder d'accord avec elle un gouvernement régulier et stable, en le plaçant sur la base de l'hérédité monarchique et sous la garde des libertés publiques à la fois fortement réglées et loyalement respectées. »

J'ai la confiance que j'assurerais ainsi les intérêts et la sécurité de tous les Français comme de ma propre maison. Aucun esprit sincère ne peut méconnaître mes sentiments. Quand je les ai exprimés dans ma lettre de Venise, c'est qu'ils étaient, et ils le seront toujours, le fond même de mon âme. Vous pouvez donc, mon cher Duc, le répéter de ma part à toutes les personnes auprès de qui vous croirez que de semblables assurances peuvent avoir encore de l'utilité. Mon devoir est de conserver loyalement à mon pays et de transmettre intact à mes successeurs le principe de l'hérédité royale et traditionnelle, seule base de la monarchie vraie, forte et tempérée à laquelle un jour, j'en ai le ferme espoir, la France voudra confier elle-même de nouveau ses destinées. On ne peut résoudre ni régler d'avance toutes choses. Il est des déterminations importantes, telles que celles dont vous me parlez, qu'il convient de ne faire connaître ou qu'il faut réserver aux événements eux-mêmes. Sur ces déterminations, je dois d'ailleurs garder entière mon initiative. D'après les règles de conduite que j'ai suivies, sur le terrain libre où je me suis placé en m'abstenant en exil de tout acte comme de tout signe extérieur de royauté, je ne connais aucune question qui ne puisse être résolue suivant les circonstances et les besoins du pays, ni aucunes difficultés de situation qui ne puissent être surmontées honorablement pour tous.

Je vous renouvelle, mon cher Duc, l'assurance de ma constante affection.

A MONSIEUR MORICET.

Prague, 28 *mars* 1854.

Nous apprenons, mon cher Moricet, l'affreuse nouvelle de l'assassinat et de la mort du duc de Parme, et nous en sommes consternés. Dites à Frohsdorf qu'on fasse beaucoup prier pour lui. Il a demandé lui-même les secours de la religion, et il est mort, dit la dépêche, avec la résignation chrétienne la plus édifiante. Le ciel en soit béni. Mais ne cessons pas pour cela d'adresser à Dieu nos instantes supplications, afin qu'il le reçoive dans sa miséricorde.

Au reçu de ma lettre, vous partirez immédiatement pour Parme. Vous porterez le pli suivant à ma sœur, et vous lui direz que je vous ai envoyé pour lui exprimer encore mieux de vive voix que par écrit toute ma douleur et mes préoccupations à son sujet dans cette cruelle circonstance. Qu'elle pense à la fin si chrétienne de son mari pour y puiser ses véritables consolations, et qu'elle songe à ses enfants. C'est plus que jamais un devoir pour elle d'en faire des princes chrétiens, profondément pénétrés du sentiment des obligations qu'ils ont à remplir.

Mon premier mouvement, en recevant la fatale nouvelle, a été de partir moi-même pour Parme, mais la réflexion m'a retenu. Dans l'état actuel de l'Europe et surtout de l'Italie, ma présence, loin d'être utile à ma sœur, aurait pu lui être très-nuisible. Je la prie de se tenir en garde contre les menées qui vont se former autour d'elle. Sa position est grave, mais je ne doute pas qu'avec du calme, de la prudence, une volonté ferme et une grande confiance en Dieu, elle ne réussisse à triompher de tous les obstacles. Vous direz tout cela en mon nom à ma sœur, et vous vous mettrez entièrement à sa disposition.

Lorsqu'elle n'aura plus besoin de vous, vous viendrez me rejoindre à Prague, m'apporter ce dont ma sœur vous aura chargé pour nous et me donner de ses nouvelles.

Adieu, mon cher Moricet; j'espère que vous ne serez pas trop fatigué de ce long voyage. Comptez toujours sur ma bien sincère affection.

AU COMTE X...

8 *octobre* 1854.

Je viens, mon cher Comte, de passer quelques jours à Parme, auprès de ma sœur. Depuis son malheur, c'était la première visite que je lui faisais. Quelle consolation j'ai eue à la revoir enfin, après l'événement affreux qui, en déchirant son cœur d'épouse, lui a imposé tout à coup comme mère et comme régente de nouveaux et si importants devoirs ! Je n'ai pas douté un instant qu'elle ne fût à la hauteur de sa grande et difficile mission, et la sagesse qu'elle a déployée dès le principe, dans la conduite de ses affaires, ne m'a nullement étonné ; mais plus j'étais touché de la vive et universelle sympathie qu'elle inspirait, de la justice qui lui était rendue, de la popularité qui s'attachait à son nom, plus je désirais de pouvoir vérifier moi-même, sur les lieux, l'exactitude des récits que m'apportait la renommée, et je dois le dire, ce que j'ai vu a encore surpassé mon attente. J'ai admiré les améliorations qui, en si peu de mois, avaient pu déjà être introduites dans les finances et dans les autres branches de l'administration. Je me sentais heureux et fier que tout ce bien était l'œuvre d'une princesse de la maison de France, et j'aimais y voir le présage de celui qu'avec l'aide du ciel il me sera donné, j'espère, d'accomplir à mon tour, quand les portes de la patrie me seront ouvertes, et que je pourrai me dévouer tout entier à son bonheur et à sa gloire. C'est là, vous le savez, le plus ardent et le plus cher de mes vœux. Puisse-t-il être bientôt exaucé!

Je vous renouvelle, avec l'expression de ma gratitude pour votre inviolable fidélité, l'assurance de ma sincère affection.

A MONSIEUR PAUL SAUZET.

6 *janvier* 1855.

Je vous remercie beaucoup, Monsieur, de la lettre que vous venez de m'écrire et de l'envoi auquel elle était jointe. J'ai lu avec un vif intérêt les graves et judicieuses considérations que vous a inspirées une des grandes questions qui sont l'objet constant de mes pensées. La justice est le fondement des États, et ceux qui la rendent au nom du Prince ont besoin, pour remplir dignement leur haute mission, d'une noble et sage indépendance. Rien de ce qui peut y porter atteinte ne saurait avoir mon approbation, et je juge comme vous la mesure dont vous parlez.

Je suis charmé d'avoir cette occasion de vous répéter encore ici combien j'ai été heureux de vous voir et de m'entretenir avec vous de la France qui m'est toujours si chère. Ma femme a été bien touchée de ce que vous m'avez chargé de lui dire de votre part; elle veut que je vous exprime sa gratitude. Soyez également notre interprète auprès de madame Sauzet, et croyez vous-même à ma bien sincère affection.

A SIR GEORGES SINCLAIR.

12 *janvier* 1855.

Votre bonne lettre du 4 mars dernier, Monsieur, m'est parvenue seulement au mois de décembre. Le baron de B... me l'a remise à mon passage à Bunsée, et je ne veux pas différer davantage à vous dire combien j'ai été touché des sentiments dont elle renferme l'expression. Vous êtes du petit nombre de ces fermes esprits et de ces nobles cœurs qui, parmi les tristes défaillances du temps où nous sommes, ont su garder toujours pure leur foi aux grands principes sur lesquels repose la société tout entière, et dont le triomphe peut seul rendre la paix au monde.

Croyez que je suis d'un œil attentif la marche des événements, et que je me tiens prêt à remplir les graves devoirs qui peuvent m'être imposés par la Providence. Oui! nous nous reverrons, je l'espère, dans des jours meilleurs. En attendant, je vous fais ici mes remerciements bien sincères de l'attachement que vous avez conservé pour moi, et je suis charmé de pouvoir vous renouveler moi-même l'assurance de mon affection.

A MONSIEUR BERRYER.

3 *mars* 1855.

Je ne veux pas perdre un moment pour vous dire, mon cher Berryer, combien j'ai été satisfait de votre discours de réception à l'Académie française et touché de la lettre dont vous en avez accompagné l'envoi. Je sens le besoin de vous exprimer à la fois dans cette circonstance et mon admiration et ma gratitude. Vous avez pleinement répondu à mon attente. Je vous écris sous le charme de cette belle et puissante parole que je viens de lire. Quelle impression n'a-t-elle pas dû faire sur ceux qui l'ont entendue ! Vous avez, en présence de l'illustre auditoire qui vous entourait et dont les applaudissements unanimes retentissent dans toute la France, rendu un solennel hommage aux grands principes qui sont la base de l'ordre social et auxquels sont particulièrement attachés le salut et les futures destinées de notre glorieuse et chère patrie.

Non, l'heure de la retraite n'a pas sonné pour vous. La noble et sainte cause dont vous avez été dans tous les temps un des plus fermes et des plus éloquents défenseurs, a encore besoin de votre zèle, et cette dernière épreuve donne la mesure des nouveaux services qu'elle peut espérer de votre actif dévouement. Vous couronnerez ainsi l'œuvre de votre vie entière, et vous acquerrez un titre de plus à la reconnaissance du pays et à ma bien sincère et constante affection.

AU COMTE DE LOCMARIA.

3 *mars* 1855.

J'éprouve toujours un vrai plaisir à recevoir des lettres de vous, mon cher Comte, d'abord pour avoir des nouvelles d'un de mes amis les plus dévoués, et ensuite à cause des réflexions si sages et si justes que vous inspirent les événements qui s'accomplissent sous nos yeux. A l'abri des préventions de l'esprit de parti, vous jugez les choses sainement, et vous vous affligez comme nous de voir nos braves soldats servir d'instruments à une politique toute personnelle. N'est-il pas à craindre que ce ne soit là le commencement d'entreprises aventureuses où les véritables intérêts de la France ne seraient guère consultés? Vous ne me dites pas si votre fils aîné doit faire partie de l'expédition piémontaise en Crimée. Ce serait un grand sujet d'inquiétude pour votre cœur de père.

Nous venons de faire un petit voyage à Parme et à Modène. J'ai été heureux de pouvoir, par ma présence, apporter quelque adoucissement aux chagrins et aux soins qui remplissent maintenant la vie de ma sœur. Au reste, Dieu ne l'abandonne pas; il lui donne force et lumières pour s'acquitter dignement de ses devoirs.

Adieu, mon cher Comte; ma femme vous dit les choses les plus aimables; faites nos compliments affectueux à madame de Locmaria et à vos enfants, et comptez toujours vous-même sur ma bien sincère amitié.

AU VICOMTE DE SAINT-PRIEST.

13 *avril* 1855.

Je vous remercie, mon cher Saint-Priest, des précieux renseignements que vous venez de me transmettre. Vous savez avec quel vif intérêt je suis les événements de Crimée et toutes les phases de cette guerre lointaine où nos soldats déploient tant d'héroïsme. S'il a paru quelques relations bien faites de cette campagne ou des plans de batailles de l'Alma et d'Inkermann, je vous prie de me les envoyer. Joignez-y quelques détails sur les généraux qui s'y sont le plus distingués et dont la conduite en toute circonstance a été si remarquable. Quand pourrai-je connaître moi-même ces hommes dont la brillante valeur soutient si dignement dans cette lutte acharnée la gloire militaire de la France ! Je vous renouvelle, mon cher général, l'assurance de toute ma gratitude et de toute mon affection.

AU DUC DE LEVIS.

12 *mars* 1856.

Je n'ai rien à ajouter aux nombreuses manifestations que j'ai faites de mes dispositions. Elles sont toujours les mêmes et ne changeront jamais.

Exclusion de tout arbitraire ; le règne et le respect des lois ; l'honnêteté et le droit partout ; le pays sincèrement représenté, votant l'impôt et concourant à la confection des lois ; les dépenses sincèrement contrôlées ; la propriété, la liberté individuelle et religieuse inviolables et sacrées ; l'administration communale et départementale sagement et progressivement décentralisées ; le libre accès pour tous aux honneurs et avantages sociaux, telles sont à mes yeux les véritables garanties d'un bon gouvernement, et tout mon désir est de pouvoir me dévouer tout entier à l'établir en France et à assurer ainsi le repos et le bonheur à ma patrie. Je n'ai cessé en toute occasion d'exprimer à cet égard mes intentions, mes sentiments et mes vœux. Vous pouvez et vous devez le rappeler en mon nom à tous ceux qui pourraient l'avoir oublié.

AU DUC DE NEMOURS.

5 *février* 1857.

Mon cousin, j'ai lu votre lettre avec un profond sentiment de tristesse et de regret. J'aimais à penser que nous avions compris de la même manière la réconciliation accomplie entre nous, il y a bientôt quatre ans. Le rétablissement de nos rapports politiques et de famille, en même temps qu'il plaisait à mon cœur, semblait à ma raison un gage de salut pour la France et une des plus fermes garanties de son avenir. Pour justifier mon espérance, pour rendre notre union efficace et digne tout ensemble, il ne fallait que deux choses qui étaient bien faciles : rester de part et d'autre également convaincus de la nécessité d'être unis ; nous vouer une confiance également inébranlable en nos mutuels sentiments.

Je n'ai pas douté de votre dévouement aux principes monarchiques; personne ne peut mettre en question mon attachement à la France, mon respect de sa gloire, mon désir de sa grandeur et de sa liberte. Ma sympathique reconnaissance est acquise à ce qui s'est fait par elle, à toutes les époques, de bon, d'utile et de grand. Ainsi je n'ai cessé de le dire, j'ai toujours cru et je crois toujours à l'inopportunité de régler dès aujourd'hui et avant le moment où la Providence m'en imposerait le devoir, des questions que résoudront les intérêts et les vœux de notre patrie. Ce n'est pas loin de la France et sans la France qu'on peut disposer d'elle.

Je n'en conserve pas moins ma conviction profonde que c'est dans l'union de notre maison et dans les efforts communs de tous les défenseurs des institutions monarchiques que la France trouvera un jour son salut. Les plus douloureuses épreuves n'ébranleront pas ma foi.

A MONSIEUR BERRYER.

7 *juin* 1857.

J'ai lu, mon cher Berryer, avec la belle plaidoirie que vous avez prononcée à Dijon, les détails circonstanciés de ce qui s'est passé dans le cours de ces débats, et mon premier besoin est de vous témoigner ici tout à la fois mon admiration et ma gratitude. Quelle douce consolation pour moi, au milieu de tant d'épreuves, de voir l'impression sympathique et profonde que la reconnaissance de nos droits, mis au grand jour par votre éloquente et lumineuse parole, a manifestement produite sur ceux qui l'ont entendue! J'ai à vous remercier aussi d'avoir si bien interprété mes sentiments et mes pensées. Vous n'avez pas dit un seul mot qui n'en fût la fidèle expression. Oui, plein de confiance dans l'impartiale équité, comme dans la noble et courageuse indépendance de la magistrature française, ce n'est pas à sa commisération, c'est à sa justice que j'en appelle Mais quelle que soit l'issue de cette affaire dont le succès maintenant est entre les mains de Dieu, je n'en conserverai pas moins un éternel souvenir du nouveau service que vous venez de me rendre avec un dévouement égal à votre merveilleux talent.

Comptez toujours, mon cher Berryer, sur ma reconnaissance et sur ma bien sincère affection.

A MONSIEUR PERVIGNY, avocat près la Cour de Dijon.

21 *juin* 1857.

La part que vous avez prise, de concert avec MM. Caire et Gouget, aux doctes et si utiles travaux qui viennent de faire triompher nos droits devant la cour de Dijon, m'a inspiré, Monsieur, une profonde gratitude, et j'ai voulu vous l'exprimer ici moi-même. Grâces soient rendues à vous, à vos collègues, à tout le barreau, à toute la noble cité où la cause des absents et des exilés a trouvé le précieux concours de tant de lumières et de si vives sympathies. Je ne puis assez vous dire combien j'en ai été touché. Recevez avec mes remerciements l'assurance de tous mes sentiments bien sincères.

A MONSIEUR BIOT, membre de l'Académie française et de l'Académie des sciences.

12 *août* 1857.

Vous avez désiré, Monsieur, que le juste tribut d'éloge que vous venez de payer à la mémoire du baron Cauchy me fût transmis de votre part avant d'être publié. J'ai été bien touché du sentiment qui vous a inspiré cette pensée, et je veux vous en remercier moi-même. Je tiens à vous dire aussi avec quel vif intérêt j'ai lu ce bel hommage rendu par un juge tel que vous à l'homme excellent, au savant illustre, au chrétien et au Français fidèle que personne n'admirait et n'aimait plus que moi, et qui est aujourd'hui l'objet de si profonds, de si légitimes et si universels regrets. Il est donc évident que les plus hautes facultés de l'intelligence, les plus rares des qualités du cœur, le génie et la science peuvent s'allier à un attachement inviolable aux grands principes qui sont l'unique fondement des États et de la société tout entière. Votre nom et celui dont vous avez si dignemenf consacré l'honorable souvenir en sont de nouvelles et bien éclatantes preuves ajoutées à tant d'autres que nous offre l'histoire de tous les siècles.

Je suis heureux de pouvoir vous donner ici l'assurance de ma gratitude et de ma sincère affection.

A MONSIEUR POUJOULAT.

19 *juillet* 1855.

Votre livre sur le cardinal Maury, Monsieur, est un nouveau service que vous venez de rendre à la sainte cause du droit et de la vérité, et j'ai voulu vous en faire ici moi-même tous mes remerciements. J'ai admiré avec vous dans le puissant orateur de l'Assemblée constituante, l'athlète infatigable, l'éloquent et intrépide défenseur de la religion, de la royauté et de l'ordre social, contre les sophismes de l'erreur et les violences de l'anarchie. Mais je n'ai pu m'empêcher de déplorer aussi avec vous les défaillances de ce vigoureux esprit, les abaissements et les tristes faiblesses de ce ferme courage, et les dernières vicissitudes d'une vie d'abord si glorieuse et qui a mérité de finir dans une humiliation profonde. Voilà donc où peuvent aboutir les qualités les plus brillantes, les plus beaux talents et les plus hautes renommées, quand ils ne sont plus soutenus par la fermeté inébranlable des sentiments, par la constance et la dignité du caractère. Puisse cette leçon sévère n'être pas perdue pour nous ! Puisse ce grand exemple raffermir ceux qui chancellent et ramener ceux qui s'égarent !

Recevez, avec ce témoignage de ma satisfaction et de ma gratitude, la nouvelle assurance de ma bien sincère affection.

AU DUC DE LEVIS.

16 *juin* 1856.

J'étais en voyage, mon cher Duc, lorsque la nouvelle des affreuses inondations qui viennent de désoler la France, et en particulier le Midi et l'Ouest, est arrivée jusqu'à moi. Je n'ai pu lire sans en avoir le cœur brisé les détails de ces scènes de dévastation et de deuil. A peine de retour à Venise, mon premier soin est de vous envoyer, en témoignage de ma vive sympathie pour les nombreuses victimes de ces terribles catastrophes, une somme de vingt mille francs, avec l'expression de mon profond regret que le malheur des temps ne me permette pas d'en faire davantage.

C'est surtout dans ces circonstances que je souffre cruellement d'être retenu loin de mon pays, de ne pouvoir voler moi-même au secours de cette multitude d'infortunés, et de n'avoir à ma disposition que des ressources trop limitées pour qu'il me soit possible de contribuer aussi efficacement qu'il le faudrait et que je le désirerais, à relever tant de ruines et à soulager tant de misères. Ma femme n'a pas été moins sensible que moi à ces événements désastreux, et c'est en son nom comme au mien que je vous fais aujourd'hui cet envoi. Puisse cette faible marque de notre intérêt bien sincère apporter quelques adoucissements aux douleurs de ces populations affligées !

Je vous renouvelle, mon cher Duc, l'assurance de ma constante amitié.

AU DUC D'ALMAZAN.

3 *juillet* 1858.

Je vous remercie, mon cher d'Almazan, de m'avoir envoyé votre notice sur la bataille d'Inkermann publiée dans *la Revue des Deux-Mondes*. Je m'étais associé aux travaux infatigables, aux longues souffrances et aux brillants faits d'armes de nos braves soldats en Crimée. Je ne peux donc qu'applaudir aujourd'hui à vos heureux efforts pour montrer la part décisive qu'ils ont prise à l'un des plus sanglants épisodes de cette lutte héroïque, et à la gloire qui leur revient dans le succès de cette journée. J'ai été bien touché aussi des sentiments dont votre lettre contenait l'expression. Vous connaissez les miens pour vous, pour votre excellent père et pour toute votre famille.

Je suis charmé d'avoir cette occasion de vous renouveler ici, avec l'assurance de ma gratitude, celle de mon affection bien sincère.

A MONSIEUR DE CURZON.

30 *septembre* 1858.

Je ne veux pas différer plus longtemps, mon cher Monsieur de Curzon, de vous dire ici moi-même et par vous à chacun de ceux qui ont été impliqués dans le procès de Poitiers, MM. de Maillé, Grellet et Giraud, avec quelle anxiété j'ai suivi de loin cette affaire et avec quel chagrin j'en ai appris le triste dénouement. Il est si cruel pour moi de savoir que mes amis souffrent sans qu'il me soit donné d'adoucir au moins leurs souffrances en les partageant ! J'ai été touché du fond de l'âme des nobles paroles que vous avez prononcées dans le cours des débats. Il était impossible de mieux maintenir les principes et de mieux exprimer les sentiments qui nous animent dans la défense des grands intérêts dont la garde nous est confiée. Comment tous les bons esprits et tous les cœurs droits pourraient-ils ne pas finir par reconnaître qu'une cause qui inspire à ses défenseurs un tel langage, est bien la cause de la vérité, de la justice, et par conséquent de la France !

NOTA. MM. de Curzon, de Maillé, Grellet et Giraud avaient été condamnés à la prison et à l'amende, pour avoir fait parvenir au comte de Chambord une adresse. M. de Montalembert fut menacé de la même peine.

A MONSIEUR BERRYER.

30 *novembre* 1858.

Je viens de lire dans les journaux étrangers, mon cher Berryer, votre admirable plaidoirie du 24 novembre, et je veux vous dire moi-même combien j'ai partagé l'émotion profonde ressentie par tous ceux qui l'ont entendue. Infatigable défenseur de la monarchie, qui seule peut s'allier avec une sage liberté, il vous appartenait de prêter encore ici à cette glorieuse et sainte cause l'appui de votre magnifique et puissante parole, qu'attendait un nouveau triomphe, si la voix de la vérité avait pu être écoutée.

C'est donc un service de plus que vous avez rendu à la France, et j'éprouve le besoin de vous en remercier. Soyez également, dans cette circonstance, auprès du comte de Montalembert, l'interprète de ma vive sympathie pour l'injuste condamnation qui l'a frappé, et croyez toujours à ma bien sincère affection.

HENRI.

A MONSIEUR DE CHERRIER.

26 *mars* 1859.

J'ai reçu, Monsieur, l'important ouvrage que vous venez de m'envoyer, et je ne veux pas différer à vous remercier. Je le lirai avec tout l'intérêt que commande le sujet, *la Lutte des papes avec les empereurs de la maison de Souabe.* Que d'enseignements salutaires nous offre l'histoire de ces luttes dont le passé nous a transmis le souvenir ! Pleine liberté de l'Eglise dans les choses spirituelles, indépendance souveraine de l'Etat dans les choses temporelles, parfait accord de l'une et de l'autre dans les questions mixtes, tels sont les principes qui, au sein des sociétés chrétiennes, doivent, aujourd'hui plus que jamais, régler les rapports des deux puissances pour le bien de la religion et le bonheur des peuples. Espérons que le temps n'est pas éloigné où l'application sincère de ces grandes et sages maximes au gouvernement des affaires humaines ouvrira au monde une ère nouvelle de prospérité, de calme et de véritable progrès.

Je suis charmé de vous redire ici tout le plaisir que j'ai eu à vous voir l'automne dernier à Frohsdorf. Je sais qu'en toute occasion la cause du droit et de la justice peut compter sur votre fidèle et invariable dévouement. Votre bonne lettre en est une preuve de plus dont j'ai été bien touché. Je me félicite de pouvoir vous réitérer l'assurance de toute ma gratitude et de ma constante affection.

A MONSIEUR FRANÇOIS LENORMAND.

24 *avril* 1859.

Je veux vous remercier moi-même, mon cher Lenormand, de votre bonne lettre et de l'écrit dont elle accompagnait l'envoi. Je le lirai avec un grand intérêt. Je suis charmé de voir mes jeunes amis se livrer à d'utiles et sérieuses études, et travailler ainsi à se rendre de jour en jour plus capables de servir efficacement la noble et sainte cause à laquelle est attaché l'avenir de la France. Votre dévouement, je le sais, est l'un de ceux sur qui en toute occasion je puis compter, et j'y compte. Je me rappelle avec plaisir la visite que vous êtes venu me faire à Frohsdorf. Je me félicite d'avoir cette occasion de vous renouveler l'assurance de mon affection.

A MONSIEUR DE CORCELLES.

13 *juin* 1859.

La visite que vous êtes venu me faire à Venise, Monsieur, m'a laissé comme à vous de profonds et ineffaçables souvenirs. Je suis charmé de pouvoir vous en renouveler ici l'assurance. Vous savez tout ce qu'il y a pour vous dans mon cœur de haute estime et de sincère attachement. Vous ne pouvez donc pas douter de la part bien vive que je prends à votre joie paternelle au sujet du mariage de votre fille. Elle trouve dans M. Adolphe de Chambrun, dont les nobles qualités et le dévouement héréditaire me sont connus, les gages les plus certains de tout le bonheur qu'elle mérite et que je lui souhaite du fond du cœur. Je vous prie d'être auprès d'elle l'interprète de mes félicitations et de mes vœux. Les tristesses inséparables des mauvais jours que j'ai encore à traverser n'altéreront jamais, croyez-le bien, mes sentiments pour mes amis, qui, de leur côté, j'en suis parfaitement convaincu, ne cesseront de me prêter pour les grands intérêts de la commune et sainte cause que nous servons, leur précieux concours. Comptez toujours sur ma gratitude et sur toute mon affection.

A MONSIEUR BENOIST-D'AZY.

26 *juillet* 1859.

Une courte absence que je viens de faire, Monsieur, m'a empêché de vous dire plus tôt combien je partage votre joie paternelle à l'occasion du mariage de votre second fils avec mademoiselle Daru. Je trouve dans cette union toutes les garanties du bonheur que je lui souhaite du fond de l'âme. Soyez donc, dans cette circonstance, l'interprète de mes félicitations auprès de lui et de tous les vôtres. Je suis charmé aussi de le voir s'allier à une famille dont le chef sait relever encore, par son caractère et sa noble conduite, un nom justement honoré. Recevez vous-même, avec mes compliments bien sincères, la nouvelle assurance de ma constante affection.

CONCLUSION

Les lettres que nous venons de reproduire retracent admirablement les principaux traits de la physionomie expressive de M. le comte de Chambord. Ces lettres ont été recueillies une à une par des amis ; elles jettent un jour lumineux sur son caractère, ses sentiments et ses idées. Elles le font connaître sous sa véritable acception, et le portrait est fort ressemblant. Ceux qui connaissent personnellement le Prince affirment que son visage, qui est d'une grande douceur et reflète la bonté, est loin de démentir ses brillantes qualités. Nous regrettons de ne pas avoir pu trouver de plus nombreux documents ; nous regrettons en particulier de n'avoir pas pénétré plus intimement dans sa curieuse correspondance avec sa sœur, la princesse de Parme. Cette exquise princesse était fort intelligente et fut une virile régente. Elle fit de son petit gouvernement le modèle des petits Etats italiens.

Ces lettres mettent également en un parfait relief cette physionomie sympathique d'un Prince exilé qui ne récrimine pas, de détrôné qui ne conspire pas, de petit-neveu d'un roi mort sous la hache, de petit-fils d'un roi mort en exil, de fils d'un prince mort sous le poignard, et qui ne parle que de son amour pour la France. Cette attitude évidemment révèle la grandeur de l'âme. Il parlait ardemment de son désir d'être connu de la France; il espérait que, le connaissant mieux, elle lui rouvrirait ses portes ; très-réservé d'ailleurs, disant avec conviction : « Je ne suis pas un prétendant, je suis un principe ».

Il est épris de liberté ; il ne comprend un gouvernement monarchique qu'avec le concours des libertés publiques. Sur le vrai sens du droit héréditaire et de la vraie mission de la royauté à notre époque, sur son idée dominante de gouverner avec et à l'aide de la nation, sur la liberté politique et sur la liberté administrative, sur l'armée, la magistrature et le clergé, sur les conditions désormais substituées aux classes et sur l'active transformation de la fortune publique et privée, sur les questions ouvrières et sur les devoirs des riches, sur l'agriculture et sur l'industrie, sur la paix et la guerre, sur tous les points enfin où la discussion peut se porter avec profit, où la solution immédiate est de rigueur, il a réponse, il a engagement pris. Il aime la patrie passionnément; avant tout, il est Français; il s'en remet à la Providence du soin de lui rendre la couronne, mais il proteste aussi qu'il préférerait rester toute sa vie en exil que d'être une cause de division et de discorde dans son bien-aimé pays de France

Eh bien! dans de telles conditions, étant donné un Prince qui ne demande qu'à gouverner suivant les idées et les mœurs de son temps, qui n'a qu'un but, le bonheur de la France; qu'un désir, sa grandeur et sa gloire, est-ce qu'une restauration prochaine aurait quelque chose d'effrayant? Est-ce que ce ne serait pas la solution la plus rassurante, surtout en ce désarroi qui mine la République, et où l'on voit le pouvoir futur se débattre entre M. Gambetta, le duc d'Aumale et le prince Napoléon?

Que de fois, en ce temps où tout semble possible, excepté la stabilité des gouvernements, n'avons-nous pas entendu dire à la masse des indifférents : « Soit! Henri V est une des chances de l'avenir, un des *en-cas* de la cause de l'ordre, peut-être une réserve de la Providence. La France a un tel besoin de la monarchie qu'elle serait bien capable d'ouvrir ses frontières, en un jour de tourmente, à celui qui en garde le vrai principe. Nous avons vu plus fort que cela. Henri V peut donc revenir, mais pourra-t-il durer? Pensez-vous que cette nouvelle Restauration trouverait la France moins prévenue, mieux préparée, plus gouvernable que jadis? » — Nous n'en faisons point le moindre doute. Les embarras seraient moins grands, les ressources meilleures. La Restauration aurait de moins tout d'abord l'étranger à désarmer, le passé révolutionnaire à liquider. Les biens nationaux, les régicides, les émigrés, l'ancienne ou la nouvelle noblesse, tous ces brandons de 1815 sont non-seulement éteints, mais entièrement consumés. Si l'on n'en peut malheureusement dire encore autant des malentendus de 1830, il n'en est pas moins vrai que de grands pas ont été faits et se font chaque jour dans cette voie. Les quinze années de la Restauration sont moins souvent rappelées dans un sentiment d'aigreur qu'avec un souvenir de regret. De part et d'autre toute animosité disparaît. On a reconnu que la crise finale aurait dû être conjurée sans coup d'Etat et sans infraction à la loi nécessaire de l'hérédité. Puis ne sentez-vous pas que la génération qui arrive vaut mieux que celle d'il y a quarante ans? Elle a moins de XVIIIe siècle dans la tête, plus de sens pratique dans l'esprit. Elle contient en plus grand nombre des hommes de foi, d'étude, de lumière, de prudence. Sans manifester un trop vif engouement pour les théories, elle touche du doigt les impossibilités du despotisme. Sous prétexte de fonder la liberté, on a déchaîné les passions antisociales ; sous prétexte de refaire l'autorité, on en est revenu au pouvoir d'un seul. Qu'a-t-il donc manqué à cette liberté, que manque-t-il à ce pouvoir? Après soixante-dix-neuf ans de convulsions, rien n'est établi, rien n'est assuré dans l'ordre politique. Où en sommes-nous de la liberté des élections, de la liberté de la presse, de la liberté de la représentation nationale, de toutes ces idées autour desquelles on a versé tant de sang et amoncelé tant de ruines? La liberté individuelle elle-même a perdu ses plus élémentaires garanties. L'ancien régime, les abus, l'absolutisme, aller chercher tout cela, aujourd'hui, auprès de M. le comte de Chambord, ne serait-ce pas avoir des yeux pour ne pas voir, des oreilles pour ne pas entendre, des mains pour ne pas toucher?

La jeunesse française est prête pour les affaires. Se sentant les fières aptitudes que sait mettre à profit un gouvernement libre et que néglige et redoute le pouvoir absolu, elle attend. Sans engagement dans le passé, elle n'a pas vu les temps qui nous ont divisés, elle a vu ceux qui ont prouvé la nécessité d'être unis. Sans illusion sur l'avenir, elle ne lui demande que le pacifique développement d'un siècle de travail, d'intelligence, de charité. Nos épreuves lui ont montré qu'en politique le premier allié à mettre de son côté, c'est le temps. Sans lui pas de succès possible, ou du moins pas de succès qui dure. Se priver, quand on en jouit, de ce bénéfice de la tradition, le plus envié par les pouvoirs nouveaux et le seul qu'ils ne puissent usurper, ce n'est pas sans exemple dans l'histoire. Mais se refuser d'y revenir lorsqu'on a tout essayé depuis sa chute, lorsqu'en retrouvant tout ce que l'on avait perdu, on garde et l'on consacre tout ce que l'on a gagné, semblerait à notre génération un odieux parti-pris de sacrifier la France à d'injustifiables préjugés.

Rassurons-nous donc : l'avenir ne paraît pas condamné à ressembler au présent. Les éléments de régénération morale surgissent de toutes parts, n'attendant qu'un principe pour les coordonner, qu'une main pour les mettre en œuvre. Ce qui a fait nos malheurs et fait encore notre danger, ce n'est pas, comme on se l'est trop imaginé, la séparation de la société en parti de l'ordre et parti de la révoluton — lutte inévitable, en définitive, lutte éternelle du bien et du mal — ce sont les divisions du parti de l'ordre. Celles-ci prendront fin dès qu'on le voudra. Des questions que la France s'est données à résoudre en 1789, les unes, celles de l'ordre civil, sont depuis longtemps hors de discussion; quant aux autres, on peut les voir ici même soigneusement précisées et résolues par l'héritier de soixante rois. Vraie monarchie et vraie liberté n'ont plus qu'un seul et même représentant. Sur l'une et sur l'autre nous avons la parole royale. Dieu et la France feront le reste.

FIN.

TABLE

POITIERS. — TYPOGRAPHIE DE OUDIN FRÈRES.

www.ingramcontent.com/pod-product-compliance
Ingram Content Group UK Ltd.
Pitfield, Milton Keynes, MK11 3LW, UK
UKHW012217240726
13966UKWH00003B/810